「ADHD」の
整理収納アドバイザーが
自分の体験をふまえて教える！

「片づけられない……」をあきらめない！

「タスカジ」で人気殺到の
ハウスキーパー
西原三葉

主婦と生活社

「片づけられない」をあきらめない

片づけられないことにずっと悩んできました。そして片づいていない家がずっとコンプレックスでした。学生のころから友達をよびたくてもよべなかったし、結婚してからもママ友や子どもの友達を家に招くことを避けつづけてきました。

ADHD（注意欠如／多動性障害）とわかったのは40歳のとき。そこでやっと自分には「片づけが苦手」という特性があることを知りました。ずっと「普通の人のような暮らしができない自分」で苦しんでいたけれど、「ならば、しかたない」。どうせ人と同じはムリなのだから、自分なりの暮らし方、生き方をしようと思ったのです。そして、自分を受け入れながら、臨床心理士のもとで認知行動療法を受けたり、同じような困りごとを持つ仲間と情報交換していくうちに、荒れていた家の風景が変化していきました。

「片づけられない」をあきらめない――片づけを通して得られる自己肯定感をお伝えしたくて個人宅での片づけを請け負う仕事を始めたところ、大きな反響をいただきました。さらに「片づけテキストが欲しい」というご要望を受けるようになり、ADHDの方へ向け開催している片づけセミナーの内容や、メモにまとめていたものを一冊にしたのが本書です。

リビングダイニングは約15畳。築17年の3階建ての小さな戸建てに息子とふたり暮らし。
かつては床面にも壁面にもものがいっぱいでしたが、今はこの状態をキープ。

生き方が決まらないと、片づけに迷う

ＡＤＨＤだけど整理収納アドバイザーとして活動している記事が、メディアに取り上げられ、「私もずっと悩んできました」といったメールをたくさんいただきました。

一気に問題が解決するような片づけ法はありませんが、うまくいく共通点は「完璧をやめて、ハードルを下げる」。とくに〝ＡＤＨＤタイプ〟の人（ＡＤＨＤというほどではないけれど、似たような傾向に苦しんでいる人の本書内での表現）は、常識・思いこみ・あたりまえといったことにとらわれて、自分をしんどくしてしまいます。「いかにやるか」より「できることだけ、やればいい」といった「ゆる思考」で継続をめざします。それには作業をルーティン化して、考える手間を省くこと、作業時間や場所を制限して、よけいなことをしないことが大切。こうした手軽な実践ヒントを本書の2章でお伝えします。

片づけに迷う人は、生き方に迷っている人。自分に必要なものがわかっていて、自信があれば、もののチョイスも配置もおのずと整うからです。私も特性を受け入れて、「ならば、できることから」と思えたときから、〝片づけ上手〟が加速。人生に行き詰まりを感じていた私を強くしてくれたのが、じつは片づけだったのです。

以前はものの吹きだまりとなって食事どころか、パソコンも置けない状態だったダイニングテーブル。まっさらのテーブルに置くと、ささやかな食事でもおいしく見えるのが不思議。

デジタル機器を活用することで「なくす」「忘れる」ことに予防線をはることができます。そして「失敗しない」日常に慣れていくことで、自信をつけていくことができます。デジタル機器で「暮らしの安心」と「自己肯定感」をアップデートしています。

「片づけ」の先へ

かつて、ものがあふれて乱れきった家に住んでいたとき。最初にとりかかった片づけは「家族がやすらげるリビングスペースを確保する」でした。ダイニングテーブルは物置き場、ソファは洗濯物が山積みで座れず、床はものを踏まなければ歩けない状態。でも、一度快適な空間で暮らすようになると、その心地よさを手放せなくなり、そして母親が頑張っているのだから、と子どもたちも協力してくれるようになり、しだいに片づけが定着するようになりました。

家が整うと、自分や家族へ思いやりが持てます。そして快適な空間でゆっくりお茶が飲める、疲れていてもリラックスできる、家族が笑顔で集うといったごほうびも。探し物をする手間が減ったり、ムダな買い物をしなくなるという時間や経済のお得もついてきます。わが家では5匹の捨て猫を飼っていますが、片づいて風通しのいい部屋でのびのびしているようすを見るのがなによりの幸せです。

本書では、私が片づけられずもがいていたときにカウンセリングをしてくださった、臨床心理士の南和行さんに専門用語などの監修をお願いしました。ご協力に感謝いたします。

床面をスッキリ出しているので、お掃除ロボットが重宝。水をシュッと出しながら部屋じゅうを掃除してくれます。裸足で歩ける快適さを知ってからは、床にものを置きっぱなしにすることが減りました。

わが家の間取り

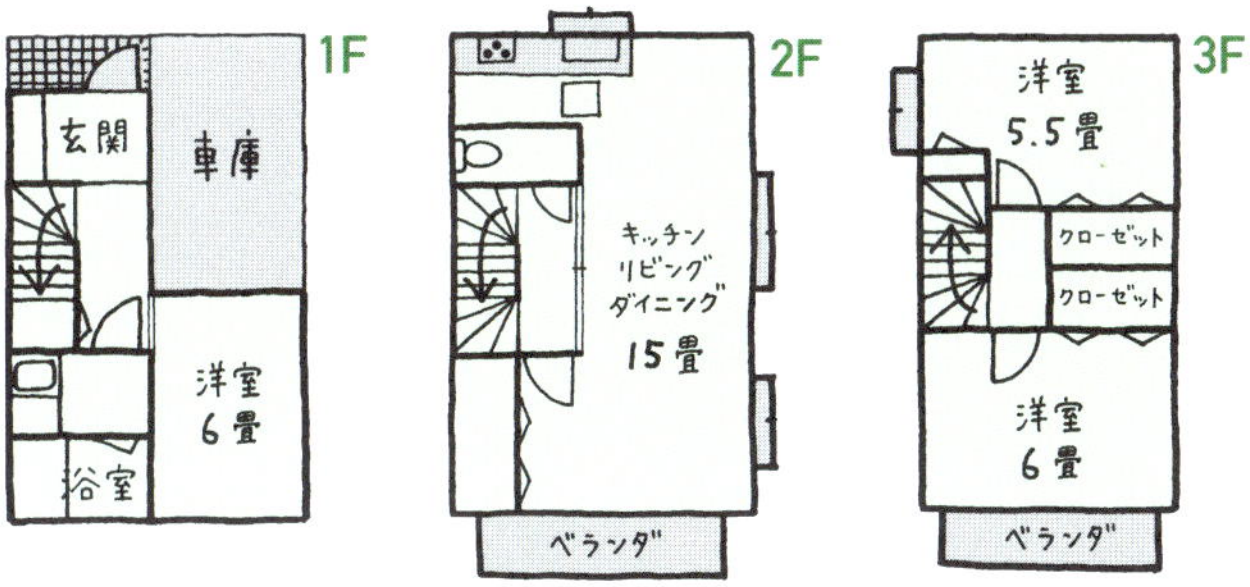

ものの移動のために、１階から３階まで部屋を行ったり来たりしないといけない手間が「片づけられない」要因にもなっていた過去。今は分散していたものを整理、動線を少なくするよう暮らしているので、以前のようなめんどうを感じなくなりました。

第2章

できること「だけ」やればいい！スッキリ部屋は必ず実現する

第3章

「片づけられない」のはあなただけじゃない！

第4章

「ギリギリ」「バタバタ」「イライラ」をやめる暮らし術

【障害名の表記について】

2013年に改訂されたDSM-5（精神障害の診断と統計マニュアル）では、発達障害について翻訳名が変わりました。発達障害は神経発達症、注意欠陥・多動性障害（ADHD）は注意欠如・多動症、学習障害（LD）は、限局性学習症（SLD）と変更されました。2020年の現時点では、まだ「〜障害」のほうが一般的であるため、本書内での表記は「〜障害」を使用しています。また自閉症・広汎性発達障害（PDD）・アスペルガー症候群は、自閉症スペクトラム（ASD）とひとつに統合されましたが、アスペルガーについても一般的に使用されているため、そのまま使用しています。

「ＡＤＨＤの
整理収納アドバイザー」を
わざわざ指名して
くださる依頼人には
いくつかの共通点があります。

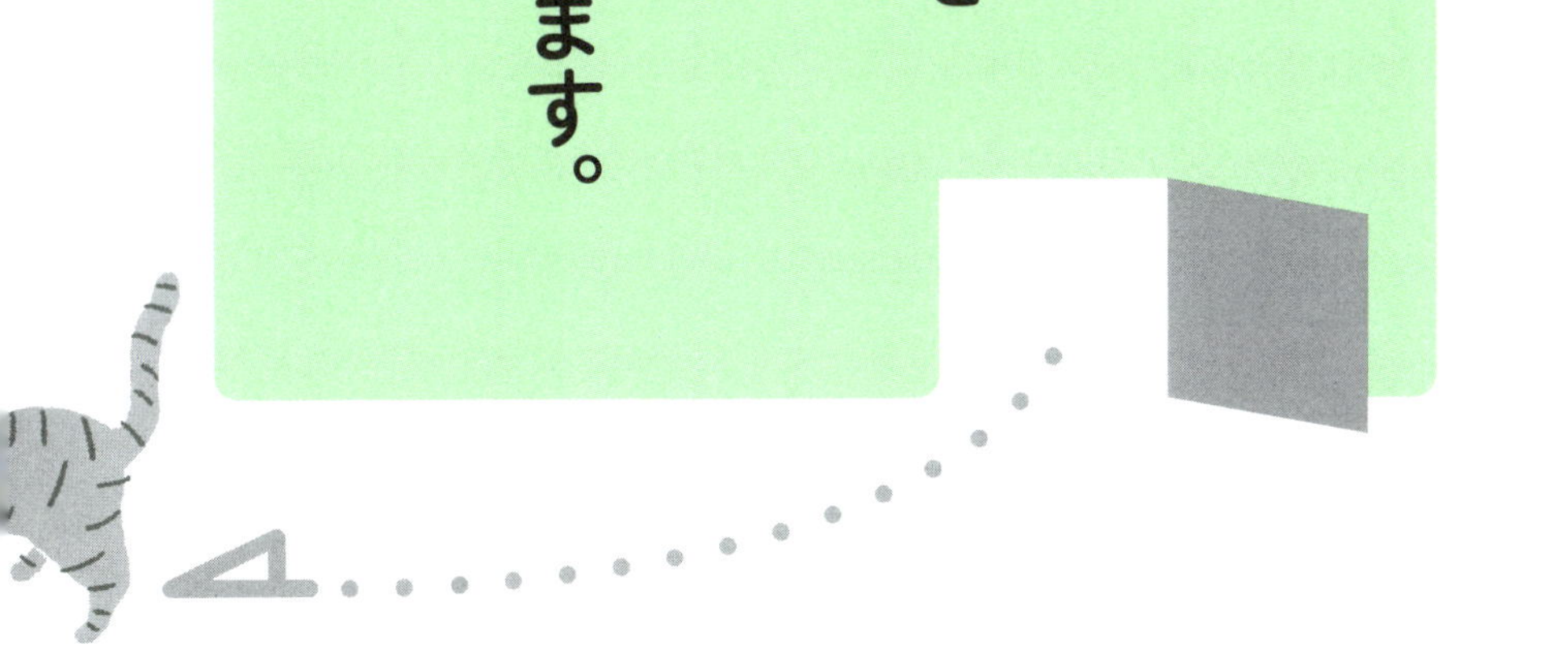

共通点1

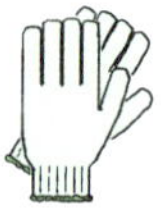

片づけ本をたくさん持っているのに、いっこうにやる気が起きない。片づけてもすぐに元通りになってしまう。

「あなたみたいな人に片づけに来てほしかったんです」。片づけの依頼を受けて自宅に伺うと、そんなふうに言われることが多々あります。ＡＤＨＤをカミングアウトしている私になら、本当の家の姿を見せても恥ずかしくない。片づけられない自分をさらけ出しても責められない。そんなふうに思ってくださるようです。

片づけ本はあまた出ているけれど、ＡＤＨＤタイプの方に参考になるものはなかなか見つからないように思います。片づけられる人が書いた本はもともと片づけが好きで得意な人の本。ＡＤＨＤタイプの人にとっては、別次元の高度なお話なのです。クライアントのなかには「前に別の人（収納アドバイザー）に来てもらったけれど、全然できなくて……」とこぼす方も多々。「細かい分類や仕切りを作りましょう」「書類やプリントを分けて入れましょう」「Ｔシャツは立ててしまいましょう」……などとアドバイスされたものの、ＡＤＨＤタイプは細かい作業が苦手であることが多いので、実践が難しい。収納のプロが

帰ったあとは、無秩序な収納へと逆戻りしてしまうのが現状です。

悩んでいる依頼者さんは、どなたも片づけ本を何冊も持っていて、読みこんでいることがうかがえます。「今度こそ、片づけられる自分に」という願いも半端ない。でも、できない。そして「やっぱり自分はダメだ」と自己評価を下げてしまうのです。ＡＤＨＤタイプの人にとって「片づけられない」のは性格の問題ではありません。だらしがないのでも、やる気がないのとも違う、脳の特性、クセなのだと理解し、「自分を責めない片づけ」をいっしょに考えます。ほかの片づけ本でいわれるような「思いきって捨てる」も「ミニマムに暮らす」も「心がわくわくするものを選ぶ」もできなくて大丈夫。

めざすのは、「生きやすい部屋」なのです。

共通点 2

メディアやSNSで見かける「収納カリスマ」や「見栄えのいい部屋」にモヤモヤする。

かつての私にとって、住まいとは「恥部」。「ちょっと寄っていく?」と友人を家に招くようなシーンは永遠に来ないものと思っていました。でも、世の中には「片づけられない自分」に落ちこんでいる女性たちが、相当数いることがわかりました。同時に、「なぜ私たちはこんなに片づけられないことに、罪悪感を感じるのだろう」と思うことも。

理由のひとつには「SNS」の影響があるのだと思います。ブログやインスタにはたくさんの片づけ達人の投稿がアップされています。どこどこで買ったグッズ、家具を活用してのすてきな収納。モデルルームと見まがうほどのキラキラ美的インテリア。たくさんの「いいね!」とフォロワーたちの称賛のコメントに、「片づけられない女性たち」の心はザワつきます。

ADHDタイプの人たちにとっての理想的な部屋に「人に自慢できる」というスペックは不要。優先すべきは「不便のない」「イライラのない」「安全に暮らせる」シェルターの

ような部屋ではないでしょうか。だれかをよぶためではなく、外で疲れた心身をいやすことが目的。そして家族がいる人は「同居する家族が生活に困らない」「衛生的に暮らせる」こともポイントになります。

ＡＤＨＤの傾向がある人たちにとってＳＮＳ自体が目に毒なのかもしれません。「人と自分を比べて傷つきやすい」特性があるので、だれかの理想的な暮らし情報があふれんばかりに入ってくる今のネット時代は、なかなか生きにくいものだと思うのです。情報にまどわされず、もとに戻しやすく、掃除しやすい片づけが実践できるといいな、と思います。

共通点3

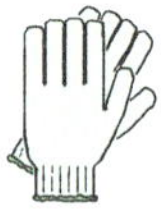

女性なのに、主婦なのに、母なのに。片づけられない自分が情けない、と思ってしまう。

ＡＤＨＤ当事者の方たちを集めて片づけセミナーを開催していますが、集まるのはほぼ女性で、男性が参加するのはまれです。女性も男性も同じ人間だから、片づけられないという意識は同様に持つはずなのに、悩むのは女性が圧倒的に多いと思います。理由として、日本は、家事は女性がやるものという価値観が強いことや、女性は日常のしつけを男性よりもしっかりされてきているからといったことが、あるからなのかもしれません。「女の子なんだから、ちゃんとして」そんな周囲の言葉は呪いのよう。「将来家庭を持つんだから」その言葉も痛いですよね。学生時代から整理整頓

や段取り仕事が苦手だった私は、結婚してから、さらに追いつめられました。主婦なのに夫が帰ってきても掃除ができてないし、ごはんも作れない……といった状況が続き、どうしていいかわかりませんでした。つまり家事とはマルチタスク(同時作業)なので、ADHDの私には要領よくできなかったのです。とくに苦手だったのが、洗濯物をたたむこと。洗濯機を回して、干すことはできますが、取りこんで棚にまでしまうことができないのです。どうしても、「めんどう」という意識が「やらなきゃ」という義務感よりまさってしまうのです。そんなわけで、部屋じゅうに乾いた衣類やタオルが散乱しているのが日常の風景なのでした。

こんな「ありえない話」も、片づけに伺うお宅の女性たちにはおおいに共感してもらえる内容です。買い物に行っても料理まで作れない(その次の行動にいくパワーが出ない)、子どものお迎え時間を忘れてしまう(気づけばスマホを1日じゅう見ている)、いつかクリーニングに出そうと思っている冬物がそのまま(そして、気づくと冬がめぐってきた……)など「家事も育児も私にはムリ」といった人も少なくない。

「女性だからできて当然」という呪縛をほどいて、「あなたはあなたでいい」というメッセージを伝えることも、片づけ前の大切なプロセスです。

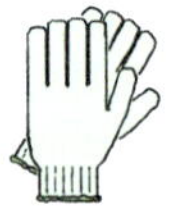

共通点4

「ごめんなさい、こんな部屋で」と申し訳なさそうに家に招きいれてくれる。

（片づけの依頼をされたのに……この部屋、きれい！）というケースがあります。聞くとふだんの部屋があまりにも汚くて、見せられたものじゃないので、ひと晩かかって片づけたとか。また「こんなに散らかった部屋でごめんなさい」と謝る方がとても多いのです。お金を払って片づけサービスを受けるのですから、謝る必要はないのに、自尊心や自己評価が低くて自分を責めることがあたりまえになっています。

片づけられないという人は、心の問題を抱えていることも多々。ＡＤＨＤやアダルトチルドレン（→Ｐ27）、ときにはうつ傾向の人も。また離婚、病気、引っ越しやペットロスなどの体験から心身のバランスが崩れ、ためこみ症候群（→Ｐ103）や拒食症にかかっているケースなどさまざまです。以前に依頼した別の片づけのプロから、「あなたの努力が足りないから、部屋が汚いんですよ」と責められ、それがきっかけで不眠症になったという方もいました。

片づけはメソッド以前にメンタルケアが大切。人の内面にかかわる作業です。

※画像は実際に片づけに行ったお宅のもの。

Column

「片づけられない」「片づけが苦手」なのは〝脳のクセ〟が原因かもしれません！

「片づけが苦手」と悩む方の多くが、それをご自身の「性格」なのだと考えています。もちろん生来の「ものぐさ」さんや、「先延ばし」タイプの方もいるのですが、私が片づけに伺うお宅のクライアントのなかには「ADHD、もしくはそれに近いのでは？」と思う方もかなりいます。お話をうかがうと、片づけに限らず日常行動のいろいろな場面に「ちょっと困った」状況が起きています。その程度や出方は人によってさまざまですが、私自身が当事者なのでとてもよく理解できます。

本人の性格や家庭環境も一般的には関係なく、脳機能の発達の凸凹（偏り）が原因だと考えられています。周囲からの適切なケアやサポートを受けることがとても大切です。

第1章

「一生片づけられない」と思っていたけれど……

ものが散乱して足の踏み場もなかった家。「この家に住んでいること自体が恥ずかしい」と娘に言われても、片づけの手は動きませんでした。

「このまま汚部屋に住みつづけますか？　それとも人間やめますか？」というくらいにまで精神が追いつめられ、自分の人生をあきらめていた私が、片づけを仕事にする日が来ようとは、まさか思ってもいませんでした。

〝そそっかしい子ども〟が大人になって「生きづらさ」が増すいっぽう

子どものころから片づけが苦手でした。机の上はものがいつも山積みなので、父に怒られ机の上のものをすべて捨てられそうになったこともありましたが、いくら叱られても片づけられない。学校でも忘れ物やケアレスミスが多く、通知表の通信欄にはお決まりのように「忘れ物が多い」「ミスが目立つ」のコメントが並んでいました。担任はあまりの忘れ物の多さにあきれ「私は忘れ物ばかりするダメな人間です」と書いた画用紙を私の胸にはり、校庭を走る罰を与えたほどです。

高校生になってアルバイトを始めましたが、レジ打ちしてもお金が合わない、オーダーをとってもすぐに忘れてしまうという「やらかし」がしょっちゅう。まわりに迷惑をかけていると感じるとすぐに退職し、アルバイトも転々としてしまう。アルバイトはそれほど責任もないので、「合わないとやめる」ことで、大きなトラブルや挫折にもならなかったのですが、社会人になると、事態は深刻になっていったのです。

就職するとミスを連発

就職時はバブル絶頂期の超売り手市場。就職試験を受ければどこからでも内定がもらえるような時代だったので、一部上場企業数社から内定がもらえました。そこで大手食品会社に就職を決めました。

しかし入社して配属されたのは、人事課の給与計算係。もっとも苦手とする「計算」を担当することになったのです。当時はまだ手入力で給与の数字を入力する時代。まず数字を入力する時点でミスを連発。数字が並ぶ資料に定規をあて、金額を確認しながら入力しても、間違えてしまう。確認作業のため静かな会議室にこもり、先輩とペアで数字の読み合わせをするのですが、そこでも必ず見落としてしまうありさまでした。

また、総務部に所属していたため、事務処理のほかに、当番制で受付担当もしていたのですが、そこでも人に迷惑をかけてしまうシーンがよくありました。来客から「○○商事の□□です。△△課の××さんお願いします」と言われても、△△課あたりまでは覚えられても、名前まで記憶することができません。メモをとって聞こうとしても、メモがまにあわない。お客様からは「何回聞き返すつもりなの？」とのお叱りを受けてしまう。簡単に思えた受付の仕事すらできない自分なんてポンコツだ……社会人として、人間としてどんどん自信をなくしていきました。

自分がいることでまわりの足を引っ張ってしまう。なぜ？……当時はＡＤＨＤであることを自覚していなかったので、自分を責めるあまり、ついに体調ダウン。精神科を受診すると「うつ」の診断を受け、入社1年で退職することになったのです。

今思うと、親も……

私の家は、父、母、4歳年上の姉の4人家族で、両親は居酒屋を経営。仕事が忙しく夜遅くまで家を留守にし、子どもはほったらかし状態。両親は仲が悪くケンカが絶えない家庭で、親の顔色をうかがいながら子ども時代を過ごしました。姉はさみしさから15歳で家出、16歳でシングルマザーに。私にとって家とは安心して過ごせる場所ではなく、困りごとがあっても、サポートしてもらえる家庭環境ではありませんでした。

母は相手の気持ちを察することが苦手で「独特のこだわり」がある人。偏食が激しくて肉は絶対に食べず、触ることすらできない。私は子どものころから給食以外で肉を食べることはありませんでした。また「文字を書く」ことも極端に嫌い、学校へ提出する書類の

記名すらしてくれない。ほとんど料理をしない母だったので、小学生の時分から自分で食べるものは自分で作っていましたが「おまえが料理がうまくなったのは、料理を作らなかった私のおかげ」と言われたのは今でも強烈に覚えています。「頑張ってもほめてもらえないさみしさ」……私は母のようにはならない、と強く思うようになっていきました。

母は確定診断はおりていないのですが、ＡＳＤ（自閉症スペクトラム、アスペルガー症候群）とＬＤ（学習障害）の特性があるように思います。きっと母も困りごとや苦しみを抱えながら子育てをしてきたのでしょう。でも、子どもの私からすると、親にかかわってももらえないさみしさや、認めてもらえない悲しさで、心が満たされない子ども時代を送りました。そして社会のはみ出し者であるといったような生きづらさを、つねに抱えていたのです。

現実逃避からの結婚、しかし選んだ夫は……

社会人1年目で退職することになったとき、会社にも家にも居場所がなく、現実から逃げ出したい気持ちになりました。会社に在籍中、支店でアルバイトをしている男性と知り合い、交際を続けていたのですが、自分を変えるには結婚しかないように感じ、退職3か月後にその男性と結婚。夫は定職につかないアルバイトで貯金ゼロ。天真爛漫で裏表がなく、楽しい人ではあったのですが、人の立場に立って物事を考えたり、相手の気持ちを察することが苦手な性格でした。当時の私は自尊心が低くて「この人を逃したら結婚できない」という思いが強く、この結婚に疑問を感じませんでした。しかし結婚し、夫とかかわるなかで、さらなる苦しみを味わうことになります。

結婚後は22歳、25歳、27歳で出産し3人の子どもを授かりました。夫は母同様、独特のこだわりがあり、自分の生活のリズムが乱れることを嫌いました。休日でも朝5時ちょうどに朝食を出さないと不機嫌になります。風邪をひき40度の発熱でフラフラになり眠っていても「ごはんまだ?」とせっついてくる始末。そして家事も育児もほうりなげて自分の趣味や好きなことには没頭します。また、とてもきれい好きで、部屋が散らかっていると怒るのですが、だからといって片づけを手伝うこともゼロ。私はいつも夫に申し訳ないと感じ、家をきれいに保とうと努力はするのですが、3人の子育てや再び見つけた栄養士の資格を生かした仕事、それに最低限の家事で手いっぱい。部屋は荒れていくばかりでした。

「アダルトチルドレン」、そして「カサンドラ症候群」に気づく

夫から理解や協力を得られない苦しみ、母ともわかり合えない悲しみから、日々精神的に追いつめられていきました。そのころ「アダルトチルドレン」(親からの虐待、家族の不仲、感情抑圧などの見られる機能不全家族で育ち、トラウマや生きづらさを抱えた人のことをいう)という概念を知り、自分の苦しさの原因は「これかも?」と専門の病院を受診。そこで自分の自尊心の低さや生きづらさの原因を知り、衝撃を受けました。でもわかったところで、具体的な解決策を見つけることはできず、苦しみは続いていきます。

経済的な観念もずれている夫は、返済計画も考えずに分不相応な一戸建てを購入。毎月のローン返済が高額で、私は夜や土日もアルバイトするような生活となり、夫との関係も悪化の一途に。そしてそのころ通っていた精神科の主治医になにげなく自分の不注意さ、片づけができない苦しさを相談したところ「ADHD」との診断を受けました。

正直ホッとしたのを覚えています。これまで意志が弱いのかも、気合が足りないのかも、努力が足りないのかも、と自分のダメさを責めたり嘆いていたのに、それが「脳」に原因があったとは! 生まれもった特性がこうなのだ、だったらできなくてもしかたがなかったのだと、あきらめられる境地になれたのです。

ある日、自分の特性を夫にも理解してもらいたいと思い、ADHDの特徴が載っている本を見せたことがありました。すると夫はＡＤＨＤのページはまったく読まず、隣に書いてあったＡＳＤの特徴のページを読みはじめると、ひと言「まるで自分のことが書いてあるみたいだ」と。たしかに「こだわりがある」「自分の世界に入りこみやすい」「人の気持ちが読めない」など、その特徴は夫そのものでした。とはいっても、夫はカウンセリングを受けに行くなどポジティブな行動をとるわけでもなく、ひとりよがりな生き方を変えませんでした。

　のちに知ったのですが、私はＡＳＤの夫との関係で「カサンドラ症候群」（→Ｐ88）に陥り、苦しんでいたのです。カサンドラ症候群とは、パートナーや家族がＡＳＤであるために情緒的な相互関係を築くことが難しく、不安や抑うつといった症状が出ること。学術的な統計はありませんが、ＡＤＨＤの女性とＡＳＤの男性が結びつくケースは多いといわれています。私と同じように「片づけられない」女性のなかには、この「カサンドラ症候群」に悩む方が多いことを、片づけの現場で感じています。世の中ではまだあまり認知されていませんが、ＡＤＨＤとカサンドラ症候群、二重の苦しみを抱えている方がたくさんいるのだと思います。そして結婚22年目に限界を感じて離婚、夫に家を出て行ってもらい、母子４人での生活となりました。

ＡＤＨＤタイプは片づけが苦手になりやすい！

ＡＤＨＤには「不注意」「衝動性」「多動性」の３つの特性があり、物事を計画的に実行することが難しかったり、注意が次々と移ってしまう特性があります。片づけは注意力や集中力が必要なので、ＡＤＨＤタイプにとっては難しい作業です。

たとえば気合を入れて片づけを始めるけれど、机の上の整理をしていたら古いアルバムが出てきて「懐かしい！」と見入ってしまう。そのうちインターホンがなり、あわてて玄関へ行くと、ネットで注文した本が届き、つい読んでしまう。着信音がありスマホを手に取ると、ついネットサーフィン。結局どこも片づけられないまま、気がつけば夕方……なんていうことになってしまうのです。

片づけは同時に複数のことを進めるマルチタスクなので、ワーキングメモリーが小さいＡＤＨＤタイプはどこから手をつければよいかわからず、片づけを進めることが困難です。

嫌いなことを先延ばしにしてしまうことはだれにでもあることですが、ＡＤＨＤタイプの先延ばしグセは強力。好きなことであれば集中しすぎるほど集中してしまう一面があるのに、嫌いなことはいくら頑張ろうと思ってもやる気が出ずとりかかれないのです。これは脳内の神経伝達物質の偏りから起こる問題で、嫌いなことにとりかかろうと思っても、ドーパミンという集中力・意欲に関係する神経伝達物質が分泌されず、やる気が起きないといわれています。わがまま、怠け者と私もずいぶん言われつづけてきましたが、本人の意志だけで解決することはほぼムリです。

今、注目の「グレーゾーン」もし心当たりがあってもひとりでクヨクヨしないで

「いっそのこと、診断がつけばサボッてる、怠けているって言われないのに」。片づけに伺ったときに、依頼者の方がつぶやいていた言葉です。自分はもしかしてＡＤＨＤかも？といううっすらとした自覚はあるけれど、診断を受けていなかったり、診断を受けても確定されなかった層が最近、発達障害の「グレーゾーン」と呼ばれて、注目されています。現在１００人に３〜７人はＡＤＨＤであるといわれており、この「グレーゾーン」を含めると、世の中には多くの「ＡＤＨＤ傾向の人」が存在することに。なにも特別な人、特別

なこと、ではないのです。

グレーゾーンの人は診断がないため、診断ありの人よりも、「普通」であることを自分でも、そしてまわりからも求められやすいというつらさがあります。そのため大切なことは、診断の有無にかかわらずひとりで悩まないこと。生活に支障が出ている場合は自分で解決するのは困難なので専門家に相談したり、公共のサポートを利用して不便を改善できる工夫を取り入れることが必要です。診断がつかないだけで、発達の凸凹はあるので、診断ありの人と同じ対応が有効です。

「片づけが苦手」な仲間たちがたくさん！少しずつ片づけスイッチが入り……

離婚後、精神的な負担は軽くなったのですが、やはり片づけができるようにはなりませんでした。きれいな部屋を夢見てみるものの、床の上は雑貨や書類で足の踏み場もないほど。ソファの上は取りこんだ洗濯物が山積み。その上に脱ぎ捨てた服も重なり、においをかいで着られる服を探すありさま。６人掛けの大きなダイニングテーブルの3分の2は、書類や生活用品が山積みで、食事をするときは「ぎゅーっ」と荷物を押しやってなんとかスペースを作り、隅っこで家族が肩を寄せ合って食事をするような生活でした。

あるとき、気合を入れ、使わなくなった子どもの机を解体し、粗大ゴミに出すことにしたのですが、粗大ゴミを出すためには申し込みが必要なので、とりあえずベランダに解体した机を置きました。すぐに申し込みをすればよいのですが、こんな簡単な作業も私にとってはとても難しいことでした。なぜなら、粗大ゴミの申し込みセンターへ電話をかけることを忘れてしまうので、なかなか申し込みができないのです。なんとか電話をかけて予約が完了しても、粗大ゴミを出す当日の朝になるとそのことをすっかり忘れてしまい、引き取ってもらえない……そんな失敗を3回も！　そして自分のダメさに気力を失い、目の前に粗大ゴミがあるのにもかかわらず2年近く解体した机をベランダに放置してしまいました。

そんなある夏、わが家にゴキブリが大量発生。原因がわからず途方に暮れていたのですが、ふとベランダに放置した粗大ゴミに目をやると、2年ものあいだ雨ざらしにされていた木材は程よく朽ちており、木の板をはがしてみたところ、なんとゴキブリが巣を作っていたのです。板をはがすとたくさんのゴキブリが散っていく、あの恐ろしい光景は今も頭に焼きついています。

そのとき、私は強く心に誓いました。ゴキブリを大量発生させてしまうなんて私は生きている価値もない。絶対に片づけられるように変わらなければいけない、変わってやると。

片づけが苦手な仲間とつながり、片づけスイッチが入った！

そのころインターネットでADHDについて調べていると、近所にADHDの当事者たちが集まる会があることを知りました。その会に参加することで、私の生活は少しずつ変わりはじめました。私ほど、片づけられない人間はそうそういないと思っていましたが、

そこに参加する人たちは同じような困りごとを抱えている人ばかり。「片づけられない」「忘れ物ばかりする」「いつも時間に追われている」……。自分と同じように悩んでいる人がたくさんいたのです。さらに、そこでは、日常の不便を解決するためのアイデアを共有。工夫しだいで困りごとを減らせることも知りました。

その後、ADHDに特化した、集団で行う認知行動療法に参加したことで、私の人生はさらに大きく変わりました。認知行動療法とは、考え方のクセや行動パターンのあり方を見直し、問題解決を図る療法です。過去にも頑張って一時的に部屋をきれいにした経験はありますが、片づいた状態を継続することがもっとも困難。そこで、片づいた部屋の写真を仲間に送り「頑張って部屋を片づけたけれど、この状態を継続する自信がありません。でも1か月後も同じ状態の写真をみなさんに送れるよう努力します」と宣言したところ、たくさんの仲間が励ましの言葉を送ってくれたのです。「毎日少しでも片づける」ことは苦痛でしたが、少しずつ慣れて日常のルーティンワークになりました。そのあとリバウンドも経験し、乱れた部屋に戻ることもありましたが、ノウハウの学習効果もあり、少し頑張れば片づいた部屋に戻せるようになっていきました。

片づけられるようになったことで、片づけ以外の問題も軽くなっていきました。ものが見つからないから遅刻をする、提出期限のある書類が見つからず出し損ねる、公共料金の支払い用紙をなくしトラブルになる。これまでの日常生活はそんな問題が山積みでしたが、部屋が片づくとトラブルも激減。そしてなにより、心がとても元気になっていったのです。

今まで片づけられない自分がイヤでたまらず、生きる気力すら失われるほどでしたが、きれいな部屋が保てるようになったことで自尊心が回復し、自信が持てるようになってきたのです。

これまでずっと
暗い夜の海に
ひとりぼっちで
浮かんでいる
そんな不安な気持ち
でいましたが
思いきって
行動を起こして
みたら
交流会
自分は気づかない
だけで
じつは
まわりには
同じように
浮かぶ
「ボート」が
あるのだと
そのたくさんの
「灯り」を
見つけた
ときに
「ひとりでは
ない」のだと
実感できた
のです

なんとわが子もグレーゾーン！白黒つけない子育てを実践

ＡＤＨＤと遺伝の関連性についてはまだはっきりしていないことが多いのですが、ＡＤＨＤは同じ家系で出やすいといわれています。私は３人（長男、長女、次女）の子どもがいますが、２人は定型（通常）発達、１人は未診断ですがＡＤＨＤの傾向があり、「グレーゾーン」にあたります。今思えば小さなころから育てにくく、どのように接したらいいのか悩むことが多々ありました。何度注意しても忘れ物をしたり片づけられないと、親としては叱りたくなりますが、私自身が子どものころに、厳しく叱られても不注意が改善されることはなく、逆に自尊心が低下し大人になるまで悪影響が続く経験をしていることから、子どもの特性に寄り添った「ゆるい子育て」を心がけてきました。その「グレーゾーン」の末娘は、小学校、中学校では幸いにも特性に寄り添ってくれる担任の先生に恵まれ、大きな問題は起きませんでした。しかし、高校に入学したあと、型にはめたがる担任の先生にあたり、忘れ物、遅刻、学力の低さを徹底的に責められ苦しめられました。

たとえば、末娘が高校生のとき、エプロン作製の課題提出日が翌日であるのに、材料を学校に忘れてきてしまったことがありました。しかしそのことに気づいたのは夜の10時。娘は先生から目をつけられていたため、また叱責されるかもとパニックを起こしてしまいました。叱りたくなるところなのですが、本人がいちばん反省し苦しんでいるのをつね日ごろ見ています。そのころは不登校ぎみだったので、今回期限までにエプロンを提出できず厳しく叱られると、娘の心が折れてしまうと感じました。そこで娘とふたり、深夜営業をしている量販店へ行き、エプロン生地として使えそうなソファカバーを購入。幸いにも私は裁縫が得意なので、即行で裁断し、数時間でエプロンを縫い上げました。一般的には過保護な親のように思われるかもしれませんが、娘は社会人になった今も、この出来事を思い出しては感謝してくれます。

ＡＤＨＤタイプの子どもには、ミスや忘れ物に気づけるよう声がけをしてあげたり、具体的な指示を出してあげるなど、特性に合ったサポートが必要です。また、叱るよりほめて育てることが大切。ほめられることで自尊心が育ち、苦手なことがあっても、得意なことで頑張れるようになります。特性に配慮した環境で育て「普通」といった「常識」をあてはめず、その子にとって必要なサポートをしてあげることが大切であると、子育てをふり返ります。

「片づけられないわが子」への12の対処法

「片づけられない、は連鎖する」。いろいろなお宅に行って、そのようなことを実感します。自分の親も自分も、そしてわが子も片づけが苦手というパターンが多いのです。親が片づけの見本を見せていないから、片づけが受け継がれていかないのは当然。怒ったり責めたりしても逆効果です。まずはいっしょにゆっくり片づけ、うまくいったときにはほめる。ひとりで片づけをやらせる場合の指示は「具体的に」、がポイントです。

1 指示を出すときは「一度に１つ」

「あれを片づけたら、次にこれもお願い」「これとあれを、あっちに持っていってね」。私自身もいまだにそうですが、課題を複数出されると覚えきれません。「しょうゆを棚に戻して」と言ったらその動作が終わってから次の指示を出す。〝しぼりこんだ指示出し〟を。

2 まずそばで「見せる」

子どもは親のマネをして育つもの。けれど親も片づけが苦手なのでお手本を見せることが難しい。でもせめて、子どもに教えるときはいっしょに片づけて見本を見せてあげましょう。「本は本棚へ」「ミニカーは箱へ」など声をかけながら。

3 片づけは「遊び感覚」で

音楽を流し「この曲が終わるまでに片づけよう」とか、「おままごと道具はこの箱へ入れよう、どっちがたくさん入れられるかママと競争ね」というように、遊び感覚で取り組むとやる気が出てきます。「片づけ＝めんどう」ではなく「楽しい」と感じられるように。

4 「ラベリング」で ものの住所を示す

「出したら戻す」が片づけの基本ですが、戻す場所がわからなければ片づけは進みません。ひと目でわかるようラベリングすることが大切。まだ文字が読めない子どもであれば、イラストや写真を貼ったり、定位置をマスキングテープで囲んであげましょう。

5 「仕上げ」は お願いする

子どもに片づけをやろう、とうながしてもなかなかとりかかれず親がイライラしがち。最初から最後まですべてを親がやるのではなく、最後の仕上げだけは子どもにまかせると、行動を起こす心理的なハードルがグッと下がります。

6 増えたら 「減らす」

子どもに「捨てなさい！」は無茶ぶりです。なぜなら捨てる意味がわからないから。持っていてなにが悪いの？　と聞かれたら親も困ってしまうはず。「1つ増えたら1つ減らさないと部屋がいっぱいになるよ」と「部屋の容量」をイメージさせることが大切。

7 よいところは 「すぐほめる」

「OKレベル」を下げてほめる回数を増やしていました。汚れた靴下を洗濯機に入れるだけでも「助かるよ」。服をちゃんと着られただけでも「今日は早くできたね」。「あなたは頑張っている」というメッセージを頻繁に。

8 シールを使って 「ごほうび」プレゼント

宿題や課題をやれたら市販のシールやポイントカードを使って「よくできた」印を増やしていきました。言葉で言うより、目で見えたほうが達成感があるので子どもの励みに。たくさんたまったら本を1冊買ってあげるなど、「さらなるごほうび」を。

9 忘れ物の多さは 「いっしょに確認」

忘れ物をすることを前提にして行動。宿題や時間割をそろえることは小学校高学年になっても親子で確認し合っていました。めんどうだけど忘れ物をすると苦しいのは自分だから頑張ろうねと、本人を責めないトーンで声がけしていました。

10 ホワイトボードを使って 「目に入る」仕組みに

口頭で言っても右から左へ抜けてしまうことは「視覚化」しましょう。 たとえばわが家の場合、「カギ、時計、定期」とホワイトボードに書いて玄関にぶら下げておき、出かけるときは必ず目に入るようにしていました。

11 期限があるものは 「声がけ」

学校生活は提出物が多いので、注意力の弱いわが子だけで管理するのは困難でした。カレンダーに提出期限を記入し、視覚化したうえで、時間のかかる課題は早めに取りかかるよう声がけ。やる気が出ないときはともに課題に取り組むこともありました。

12 体罰や言葉の暴力は 絶対しない

イライラしがちな母親のもとで育ちました。いつ怒られるか、いつも人の顔色をうかがうような子ども時代だったので、わが子へは「たたかない、なじらない、大声を出さない」を徹底。イラッとしたときは趣味のジョギングに出かけるようにしていました。

Column

臨床心理士
南さんの

「ADHDによる不注意の症状」チェック項目

「片づけられない」という悩みを抱えた相談者がとても増えています。なかにはADHDを気にされている方も多くいます。しかし、ADHDの判断にはいくつかの項目があります。

1. 細かい注意ができず、ケアレスミスをしやすい
2. 注意を持続することが難しい
3. 人の話をきちんと聞けない
4. 指示に従えず、宿題や業務をうまく進められない
5. 課題や活動を、計画立てて整理することができない
6. 継続的に行う作業ができない
7. 課題や活動に必要なものをしばしばなくしてしまう
8. 外部からの刺激で、注意散漫となりやすい
9. 日々の活動について、しばしば忘れてしまう

これらの症状をみて、「こんなの１つや２つあてはまるよ、これでADHDなら日本人は全員ADHDなんじゃない？」と思う方、ごもっとも！です。じつはADHDとしての診断基準を満たすためには、この項目のうち大人は５項目以上、子どもの場合は６項目以上のチェックが必要。さらに、年齢ごとのチェックの数を満たしたうえで、「職場、学校、家庭など２つ以上の状況(場所)で症状がある」「そのことで本人が困っている」「12歳以前から症状あり」といった条件がそろって初めてADHDの可能性ありと判断されます。「片づけられない」を含めて、どのような生活の困りごとがあるのか。心と行動のセルフマネージメントが困難になっているかが、判断のポイントになります。

第2章

できること「だけ」やればいい！スッキリ部屋は必ず実現する

ADHDタイプは「～しなければならない」と思いこんで自分を苦しくしがちです。さらに「どうせやるなら、きちんと！」という完璧主義の方も多いので先延ばしになってしまうのです。大切なのは「行動のハードル」を下げること。ポイントは、「あれも、これも」ではなく、「できること〝だけ〟やればいい」という楽観思考。私が片づけの現場で実践しているアイデアをご紹介します。

「だけ」なら続く！

片づけに集中できないなら「タイマーを使う」だけ！

「集中力が続かない」ことでずいぶんと苦労してきました。すぐにほかのことに気をとられてしまい、ひとつのことが続かないのです。段取りを組めたとしても、なかなかエンジンがかかりにくく時間をムダにしてしまったことは数知れません。

そこで必須なのが「タイマー」。愛用しているのが、1分ごとにカウントダウンするように設定ができる**「こえタイマー」というスマホのアプリ**です。「あと5分です。……4分です。……」と音声で教えてくれるので、もし片づけ中にほかに気がそれてしまったとしても、すぐにわれに返ることができます。私の場合、普通のタイマーのように設定時間にベルがなるだけでは、不十分。なぜならタイマーをセットしたこと自体を忘れて別の作業を始めてしまうリスク大だからです。ピピッとなったはいいけれど「あれ、なんのためのタイマーだっけ？」ということも。

タイマーを設定しているあいだは、ほかのことに気をとられそうになっても、グッとが

よそ見が多くて片づけられなくても「声」で現実に戻してくれるiPhoneのタイマーアプリ、「こえタイマー」。

まん。まずは自分がたえられそうな短い時間を設定しましょう。とりかかりやすいのは5分間。5分間あれば、小さなスペース1か所を片づけられます。

たとえばダイニングテーブルを拭き上げる、床に落ちているものを拾い上げてもとに戻す、玄関の靴を並べ直すなど。続くようになったら次は10分、そして15分と延ばしていきます。

私の場合、**好きな作業をするときにもタイマーをセット**し、「過集中」（好きなこと、ハマっていることにはとことん没頭してしまうというADHDの傾向）を防止しています。以前、家の壁紙を自分で貼り替えていたら、飲まず食わず、トイレにも行かず、で10時間作業しつづけてしまい、倒れてしまったという経験があるので、タイマーはライフラインです。

お子さんがなかなか行動してくれず、切り替えが苦手な場合にもタイマーは有効。アプリのほかに、バイブレーション機能があったり光が点滅したりする市販品などもあるので、使いやすいものを片づけのおともに。

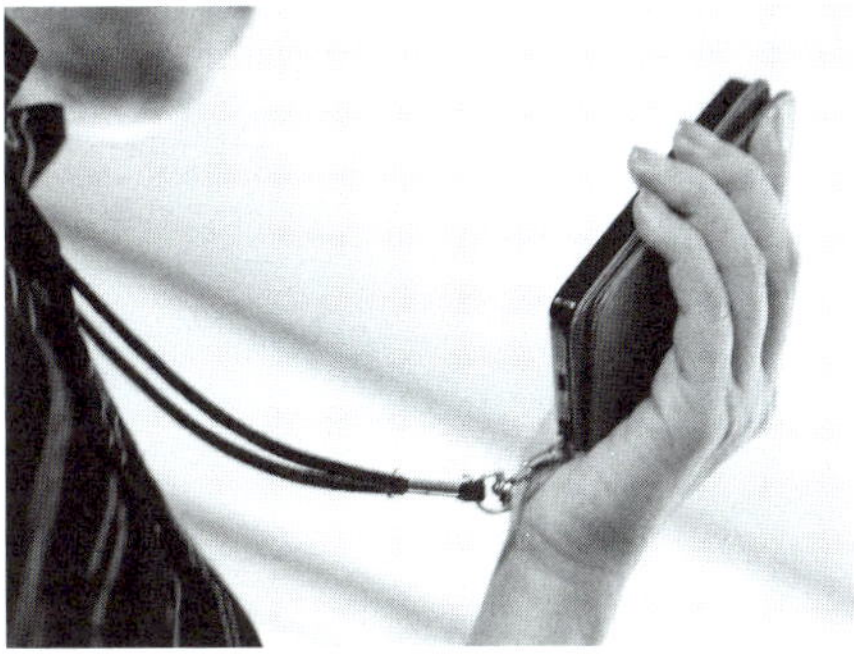

スマホ自体をなくしがちなのでストラップはマスト。朝起きてから寝るまでずっとぶら下げてます。

5分間でできる片づけ例

「5分間」1セットなら気がラクですよね。
そして時間や範囲を少しずつ増やしていきましょう。
「無にする」「並べる」「捨てる」……。
5分間でできることは意外とあります。

たった1か所を“無”にする

目ざわりなものを撤去してみましょう。食卓やソファ、キッチンまわりや床は目につきやすく乱雑だとストレスもたまるところ。1日1か所、5分間の動作を行ってきれいを実感してみましょう。

- ダイニングテーブルの上を無にする
- ソファの上を無にする
- コンロのまわりを無にする
- 冷蔵庫の扉に貼ってあるものを無にする
- 床の上を無にする
- 玄関の棚の上を無にする

座面が低めのローソファを愛用。リラックススペースがスッキリしているだけで、毎日の疲れのとれ方が違います。

たった1か所を〝1列に並べて〟みる

- 玄関のたたきの靴
- ガス台の上の調味料
- 本棚の本
- 洗面所のコップや歯磨き粉
- お風呂場のソープやシャンプー類

ものが多くて〝無にできない〟場所は、ものを奥に寄せて1列に並べるだけでも見た目がスッキリします。

たった1つのものを〝捨てて〟みる

片づける気力がないときは、ゴミ箱に不要なものを1つだけ捨てるアクションだけでもOK。散らかっているプリント、冷蔵庫の賞味期限切れの食べ物、着なくなった服……。「いつか捨てないと」と思っているものを処分する。これだけでも、十分に「片づけ」アクションなのです。

ゴミ箱のゴミをためがちなので、ゴミ箱自体をコンパクトなものに。朝出かける前にきれいにする、というマイルールに。

“だけ”でいい片づけ 2

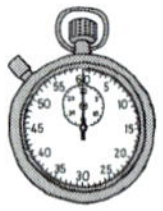

“いきなり”“一度に”は失敗のモト
とっかかりは「小さい場所」だけ！

片づけが苦手な人の失敗ポイントは「いきなり“大きな山”に挑んで、挫折する」。とりかかる場所も時間も小さく区切って作業します。

片づけの本のなかには片づけの最初のステップとして「部屋じゅうのものを一度、全部出してみる」といったことが書かれていますが、これをＡＤＨＤタイプがひとりで行うと大変。出したことで脳が疲れてオーバーフローに。手をつけるのは冷蔵庫の中の1段だけ、机の上のペン立てだけ、バッグの中だけと**狭い範囲から始めます**。そして「このくらいならできる！」「やれた！」という自己肯定感を高め、次の行動へとつなげていきます。

同時に大切なのが「段取り力」。片づけを始める前に、頭の中で「タイムスケジュール」を立てるクセをつけましょう。始まり、終わりの時間を決めたら**休憩タイムもセット**。しかしそのままずるずると途中棄権になってしまわないよう、休憩タイムもタイマーで時間管理をします。

疲れているときは「ベッドサイド」をスッキリ。起きて最初に見る光景が整っていると１日快適。

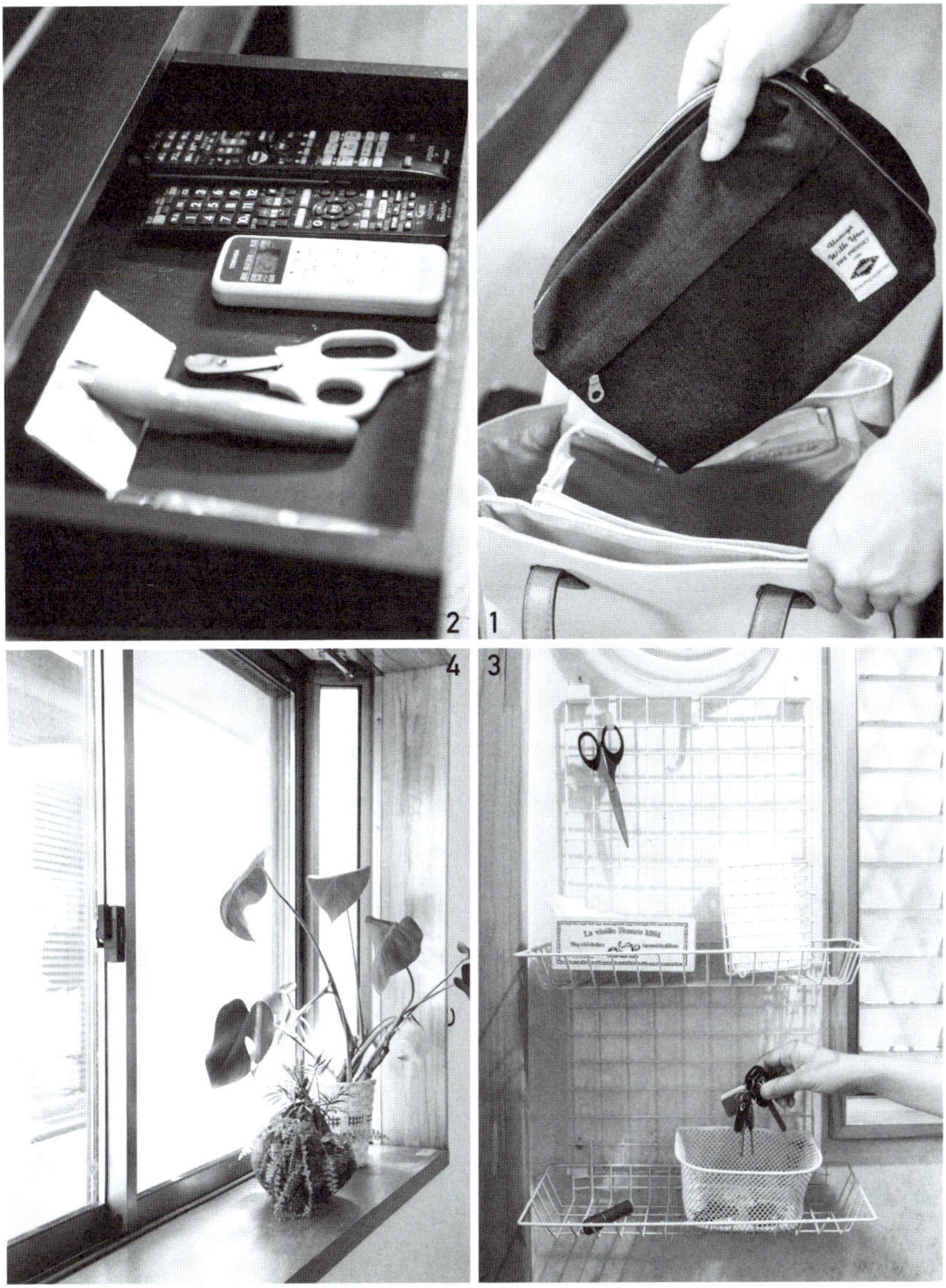

1 バッグの中にものが散らかりがちなので、ポーチで小物や大切なものを一式管理。
2 テレビ近くのサイドテーブルの引き出し。その場所で使うものだけを集めて収納。
3 玄関脇にはカギや印鑑、マスク、郵便物を開封するハサミを１か所にまとめて。
4 出窓にはいろいろ置きたくなるけれどグリーンだけ、でいつもスッキリ。

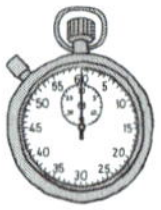

片づけが進まないなら「集中できる環境を作る」だけ！

静かな環境でないと勉強や仕事がはかどらないのと同様、**片づけにも環境作りが大切**です。気がそれやすい人は、片づけの前にはテレビを消したり、スマホやパソコン、読みかけの本や作りかけの趣味のものも作業スペースから遠ざけましょう。

またADHDタイプのなかには感覚過敏の人もいるので、音に刺激を受けて気がそれてしまう場合も。耳栓をしたり、イヤホンで音楽を聴きながら作業をするとはかどります。好きな曲を集めたり、いやし効果がある環境音を集め、片づけ用のプレイリストを作成するのもおすすめ。私自身、集中して片づけたい場合にはマインドフルネス（瞑想）を行うこともあります。片づけが得意な人は「掃除のついでに」、「テレビを見ながら」などといった同時作業のなかで片づけをこなせますが、ADHDタイプがやるとどれもこれも手つかずになる可能性も。ひとつの動作に集中し、終わったら次の動作に移るという区切り作業を意識するほうがスムーズです。

テレビやパソコンなど目に入ると気になって集中できないものは、布でカバーしてから片づけることも。

3

1

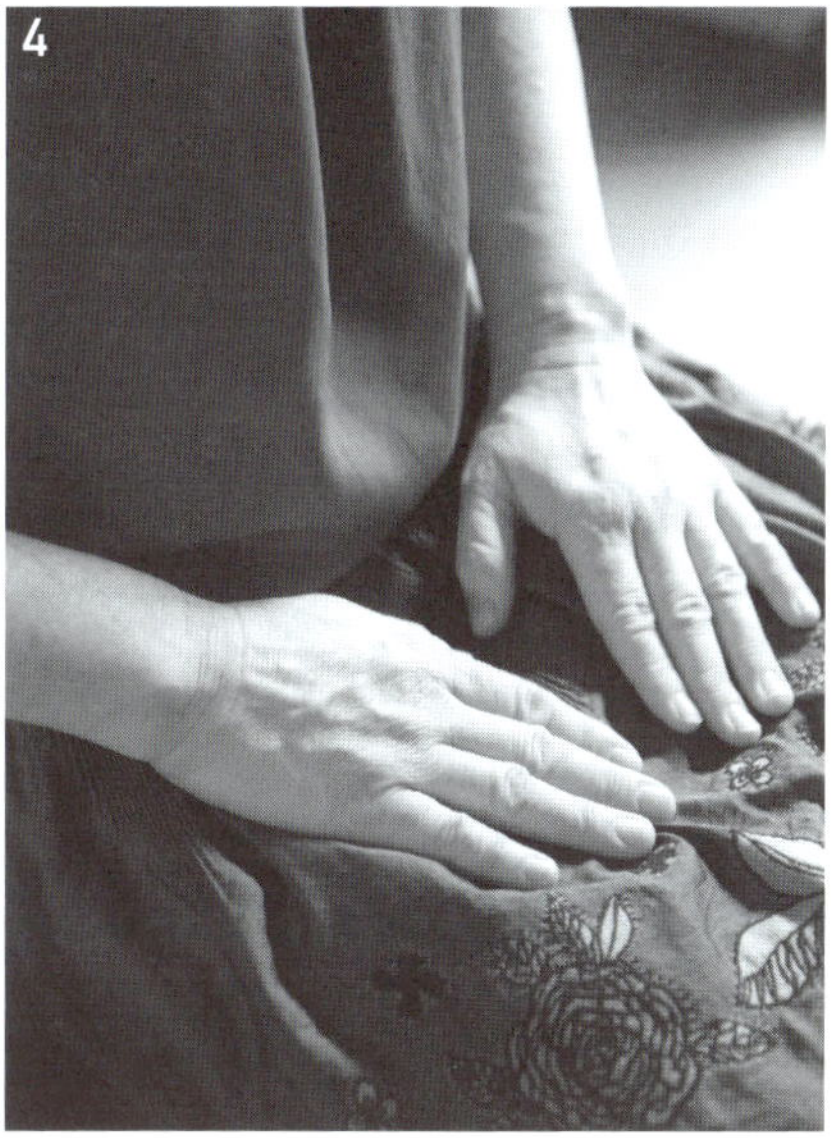
4

2

1 キッチンの正面に時計を。日付入りなので食品の消費期限のチェックにも便利。
2 キッチンの食洗機の上にスマホとつながるスピーカーを。静かに音楽を流して集中。
3 狭い空間のほうが集中できるので、私の「個室」はロフトベッドの下。
4 心がザワザワしたらマインドフルネス。スマホから瞑想用の音楽を流しながら深呼吸。

継続するには「自分をほめる」だけ！

片づけが終わったら自分に「楽しみ」をあげましょう。片づけを「気がのらない日常動作」ではなく「やったらいいことがある目的行動」に。お気に入りのおやつを食べる、DVDを見る、おいしいハーブティーを飲むなど小さなことでかまいません。自分をほめることが大切です。それも作業が終わってからではなく、**作業中からどんどんほめてください**。そうすると「家族が手伝ってくれない」「どうせまた乱れる」といった片づけ中にわき起こりやすいネガティブ発想に引っ張られることがなくなります。

ほかの人にほめてもらうこともやる気につながります。あるクライアントさんはモチベーションアップのためにSNSを利用。「今から片づけます」と公開宣言したら、片づけ前後の部屋の画像をアップ。コメントや「いいね！」の数が励みとなって、片づけを習慣化できました。

部屋を片づけているときも終わったあとも、自分を勇気づけて脳をやる気に！

"だけ"でいい片づけ 5

"やりかけ"をやめるには「小さな終了グセをつける」だけ！

片づいていない家には「やりっぱなし」があふれています。開けた引き出しが半開き、乾いた洗濯物が吊るしっぱなし、汚れたコップがテーブルに出しっぱなし……小さなアクションこそ、こまめに閉じる意識を持てると片づけの手間は劇的に減ります。でも、書類やプリントの整理などつい忙しくて手が回らず「やりっぱなし」になっている作業は、**あえて目立つ場所に「出しっぱなし」にする**のもテ。2～3日以内に処分すると割り切れば気持ちもラクです。

片づけに伺うお宅でよく見かけるのが「不要品を待機させっぱなし」のケース。メルカリなどで売ろうとキープしてはいるけれど、結局めんどうで長期間放置しているお宅が多いのです。たとえ出品したとしても売れる価格は安いことを納得してもらったり、保有期限を決めることで、宙ぶらりんのまま抱えこむのをやめてもらいます。

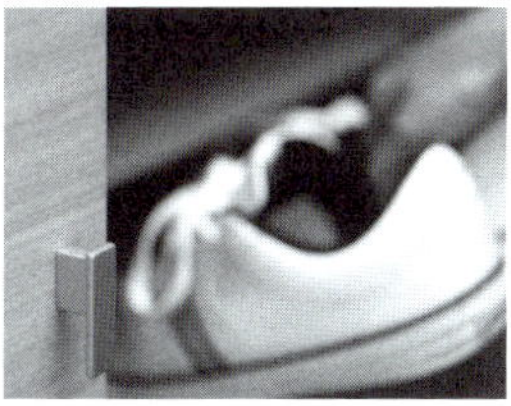

「靴を脱いだら靴箱に入れる」狭い玄関をいつもスッキリ使うためのわが家のルールです。

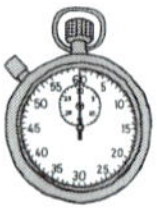

あふれるものは「仲間分けする」だけ!

目の前にさまざまなアイテムが散乱していると情報量が多すぎて混乱し、なにから片づけたらよいのか考えることすらイヤになってしまいます。そういう場合はあまり考えずに手先だけを事務的に動かせるような作業から始めましょう。

それは「仲間分け」。部屋にあふれているものを床に広げてその総量を把握したら、一度端に押しやり、分類するスペースを作ります。そして「仲間」(服、書類、文房具など)をひとまとめずつ、「山」にしていきます。判断に迷うものは「仲間が見つからないものの山」に。そして次に、それぞれの「山」の中身を「残す・処分・保留」と分類していきます。一度でできないなら、山ごとカゴや袋に入れて別の日に行ってOK。これが基本の「仲間分け」です。さらに「用途ごと」に仲間を作るのも便利。「来客用のお茶セット」や「朝食セット」「ペットの散歩セット」「スポーツジムセット」など……使うときにあちこちに手を延ばして集めなくていいように、グループ化すると、時短な暮らしになります。

ゴチャつきのひどい家でまず行うのが、同じ種類ごとに分別すること。そして小さなかたまりから、大きなかたまりへひとつずつ〝山〟の中身を精査。

"だけ"でいい片づけ 7

"要・不要の判断"ができないなら「使用頻度で分ける」だけ！

片づけをするためには、ものの要・不要の判断をしなければいけませんが「いつか使うかも」「もったいない」「高かったから」……と思いはじめると、結局なにも手放せなくなります。要・不要を決める基準はいろいろありますが、私たち整理収納アドバイザーは使用頻度で判断。**判断基準は1年間で使ったか、使わなかったか**。1年以上使っていないなら、今後も使う可能性は低いので処分の対象とします。このように保有を迷うものは、「いつまで、持つのか」という明確な基準を決めることが大切です。

整理収納には、使用頻度と整理のイメージを表す基本のフレーム（考え方）があります。「ものを4つの領域に分類」した「基本領域図」（右下のイラスト）というものです。

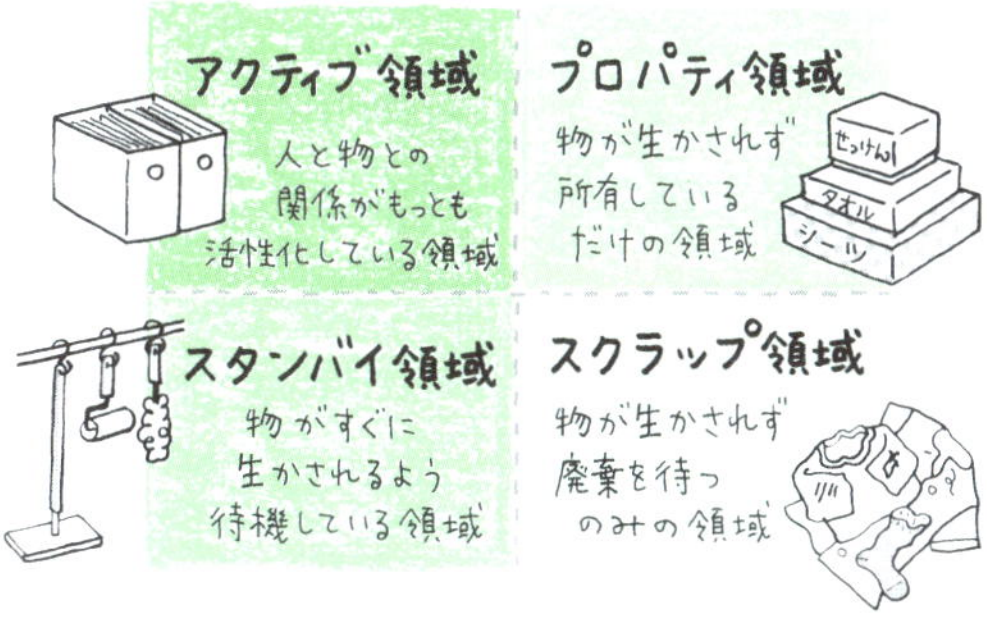

（『整理収納アドバイザー公式テキスト
一番わかりやすい整理入門』澤 一良著より）

●**「アクティブ領域」**⬇日々よく使うもの。頻繁に着る洋服や、毎日持ち歩くバッグなどがあてはまります。

●**「スタンバイ領域」**⬇毎日は使わないけれど、すぐに取り出せるように収納しているもの。定期的に履き替える靴や、毎週行くスポーツジムの用品などいつも「待機中」のアイテムのこと。

●**「プロパティ領域」**⬇持っているだけでどこにあるかわからない、持っていることすら忘れているもの。「なんとなく所有している」ものをさします。

●**「スクラップ領域」**⬇ゴミ、ガラクタのこと。処分しないままほうっておくと、この領域がどんどん広がってしまい汚部屋に。

「アクティブ領域」が広いということは、ものとのつきあいが量的に少ない、シンプルな生活をしているということ。逆に片づけが苦手な人は判断しにくいものを多く抱えているので「プロパティ領域」が広がっているはず。つまり片づけのポイントは「プロパティ領域」のものをどうやって減らせるかなのです。たとえば芯が入っていないシャープペンが引き出しの奥に転がっているとします。そのまま持っていれば「プロパティ領域」ですが、芯を入れて「アクティブ領域」にするか、ペン立てに立てて「スタンバイ領域」にするか、もう使わないと判断して「スクラップ領域」にするなど行き先を決めるのです。この4分類を頭の隅に入れておくと、ものを客観的に見られるようになるので片づけが加速します。

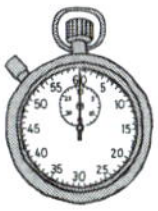

“だけ”でいい片づけ 8

捨てるのが心痛むなら「一時避難させる」だけ！

不要なものを処分することは片づけの鉄則です。しかし、片づけが苦手な人は、ものへの執着やこだわりを持っている場合が多いです。ものを減らす働きかけをすると、フリーズしてしまったり、片づけの気力が失われてしまうことがあるので、私はムリに捨てない片づけを実践しています。

また捨てることで、「反動」が出てしまうことも。本人が腑に落ちて捨てられた場合はいいのですが、納得がいかないまま手放してしまうと、空虚感から再度「持ち抱えたい」衝動が出てしまい、さらにものを増やしてしまうことがあります。捨てることへのおそれがある場合は、「ムリに捨てなくていいんですよ」とお伝えし、まずは片づけという作業に安心感を持ってもらうことから始めます。

ムリに捨てないための大切なステップが**「現状の認識」**。袋を用意し、「捨てるのが困難」

不要品は「仮置き場」で判断をペンディング。“すぐに処分しない”という片づけ法もあります。

なものを詰めていきます。目的は「不要品の視覚化」です。部屋全体を見まわして「ものが多いようなので、減らしましょう」というより、不要なものを袋に詰めたり、床から積み上げるなどし、総量を目視する。さらに数を把握してもらい「これだけのものを持っていてもしかたがない」と納得できれば少しずつ処分できます。

使わないけれど思い出や思い入れがあり、どうしても捨てられないものは「思い出ボックス」を作って、その中に納まるものを厳選して保管。入りきらない分は写真に撮って処分。

判断に迷うものは**「とりあえず保管箱」へ分類**して入れていきます。手に取ったときすぐに「要・不要」が判断できないものはこちらへ。この箱があることで、決断への躊躇や恐怖がやわらぎ、作業スピードが上がるのです。箱には、入れたものの分類を大きく書いて(または、書いた紙を貼りつけて)、日付を記入。部屋を圧迫しない、押し入れなどの奥に保管します。私はさらに、箱の存在を忘れないように、スマホのリマインダーにもメモしておきます。

もし1年以上、箱に入れたままだとしたら、この先使う可能性はほぼないので処分の対象に。ものとのお別れはゆっくりでいいのです。

"だけ"でいい片づけ 9

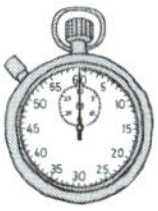

そもそも「家にものを入れない」だけ！

「もの」は勝手に入ってくるのではなく、私たちが自分の意思で家に入れています。でも、そこに気づかぬふりをしてしまいがちです。なぜなら自分の意思で入れたとなると、片づけないのは自分のせいになるから。そういうタイプは「いつのまにか増えちゃって……」と「もの」か「だれか」の責任にして、片づけから無意識に逃げようとしています。

「ついうっかり」「むやみに」**家にものを持ちこまない意識**が大切。「外」や「玄関」でコンパクトにしましょう。買い物時の不要な包装は断ったり、郵便受けに入っているDMやチラシは個人情報は消して、玄関先で資源ゴミの袋へ。ついもらいがちな街中で配ってるポケットティッシュや、行く頻度の少ないショップのポイントカードも、家に一度入れてしまえば「持ち物」となってしまいます。また、片づかない家にありがちなのが、未開封の段ボール箱の山。ネットショッピングなどから届いた荷物は中身を出してその場で処理を。

玄関に置いているのはゴミ箱。郵便物は家に上がる前に不要なものをここでポイ。

ムダな買い物をやめるには「買いグセを知る」だけ！

私たちはなぜ、ものを買いたくなってしまうのでしょう。さまざまなお宅に行き、「買う理由」にはいくつかの共通点があることに気づきました。そして、そんな買いグセを自分で理解しないかぎり、外からどんどんものが入ってきて片づけがいっそう苦しくなる。**買う理由について考えることも、片づけの重要なステップ**なのだと感じます。

ＡＤＨＤの特性としてあげられる「衝動性」。私自身がそうなのですが、欲しくなったらあとさき考えずに買ってしまい、後悔するパターンが多々あります。ＡＤＨＤタイプの場合、もし衝動買いをしてしまいそうになったら一瞬、クールダウンを。スマホでの買い物なら決済の前に、トイレタイムを設けて。スーパーや百貨店での買い物なら、別のフロアを一周してから。それでもなお、買いたい欲求が消えないようなら、納得して買えたということです。

そして「"自信"を手に入れたい」という欲求が強い人も、買いこんでしまいがち。コス

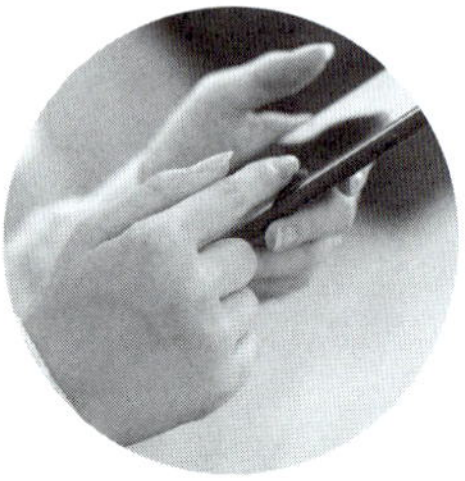

ポチッとする前に、「処分する手間」を考えて。本当に食べきれる？捨てられる？

メや洋服、調理道具など「手に入れたら、もっと自分が輝く」「他人からほめてもらえる」など自分がバージョンアップするような感覚を持ってしまうタイプは、高価なもの、新しいものにもお金を惜しみません。また、以前に、本を大量に買いこんでは積ん読で終わっているクライアントさんがいて、ご自身でも困っているようでしたのでお話をうかがったところ、自分を知的に見せたいという強い欲求がありました。コンプレックスを自分の努力ではなく、手っ取り早く「もの」で解決したいと思う気持ちも、もの増やしの原因です。

さらには「ストレス発散」という目的で買い物をするタイプも要注意。あるクライアントさんのお宅には100円ショップのグッズがあふれんばかりにありましたが、理由は「気分がスッキリするから」。つまり「買う」というのは、自分が主導権を握れる行為なので気持ちがいいのです。たとえ、100円、200円の買い物であっても、ものの選択権、お金の決裁権があるし、買えば店員には感謝の言葉を言ってもらえるので気持ちは上がります。「買いすぎに注意しましょうね」と言ったところで、ストレス自体を減らさないとセーブできません。

買い物は楽しいことですが、ものを買うこととは「処分」までの責任を負うこと。「買いグセ」を知って、「買わない勇気」を持つことが、未来の自分をラクにします。

わざわざ隠さなくてもいい！「フタや扉をやめる」だけ！

ＡＤＨＤタイプには、「隠す収納」はあまり向いていません。

「見えないものは認識しにくい」特性があるので、奥にしまいこんだものは、それっきり、存在を忘れてしまう可能性大。ですから大切なもの、いつも使うものは、ひと目で見える場所、そして決まった場所に置くというのがおすすめ。

ＡＤＨＤタイプの方のお宅で片づけをするとき、押し入れのふすまをはずしたり、シェルフの扉をドライバーではずすような作業をすることがあります。どこにあるかわからなくて取り出せないと困っている場合、扉をはずすことで片づけがスムーズに進むことがあります。また、オープンな棚を使う、フタのないカゴを使う、半透明の収納ケースや壁面収納を活用するのも「見える化」には有効。生活感が多少出たとしても、「見えない」不便にはもう戻れません……。

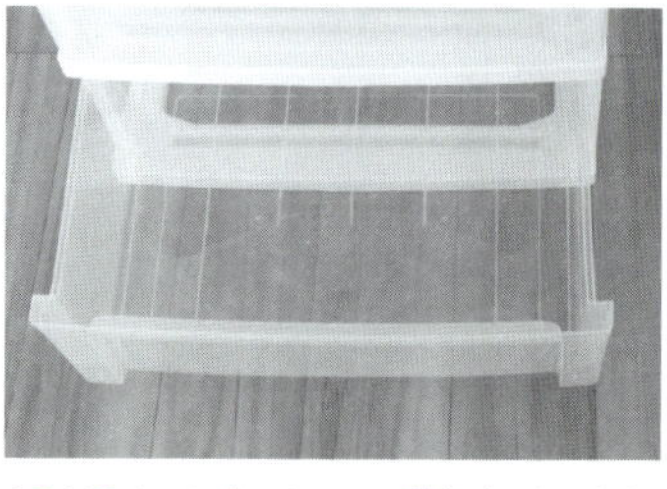

ADHDタイプにとって「中身が見えない」ものは、ないも同然と思っていたほうが間違いありません。「半透明」の収納ボックスでつねにものの存在を意識するように。

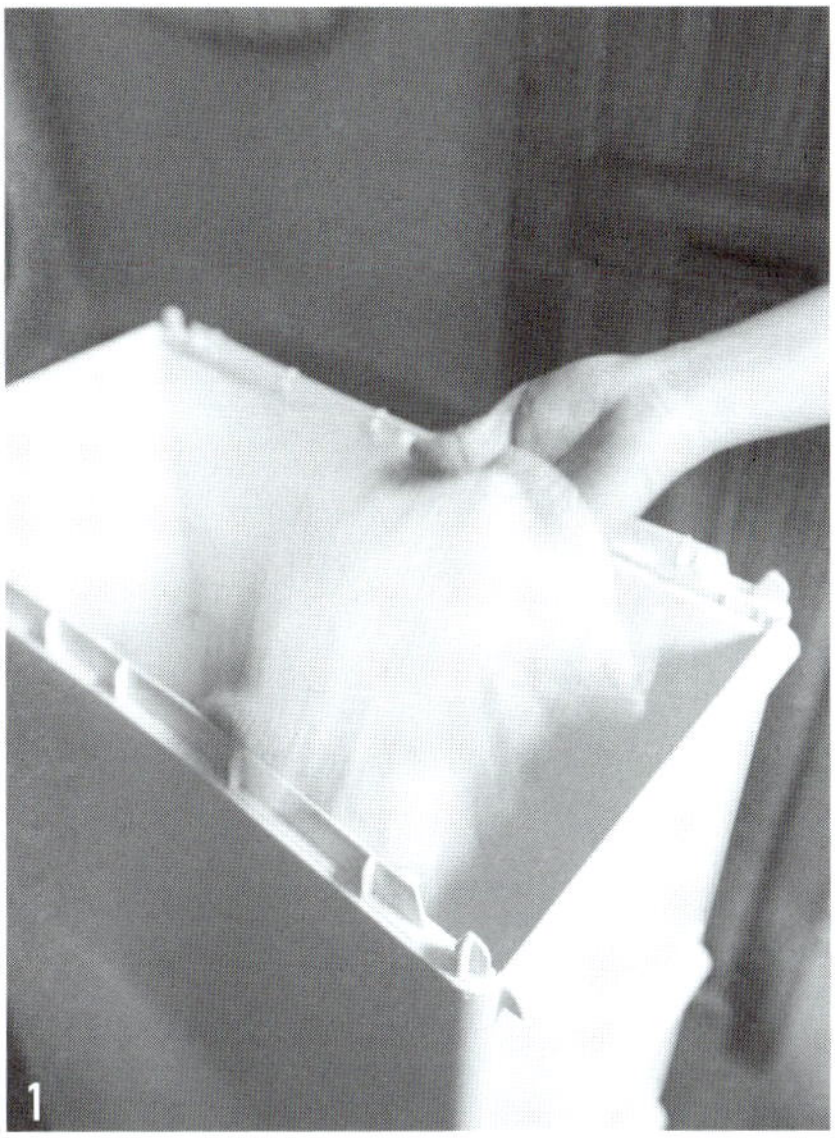
1

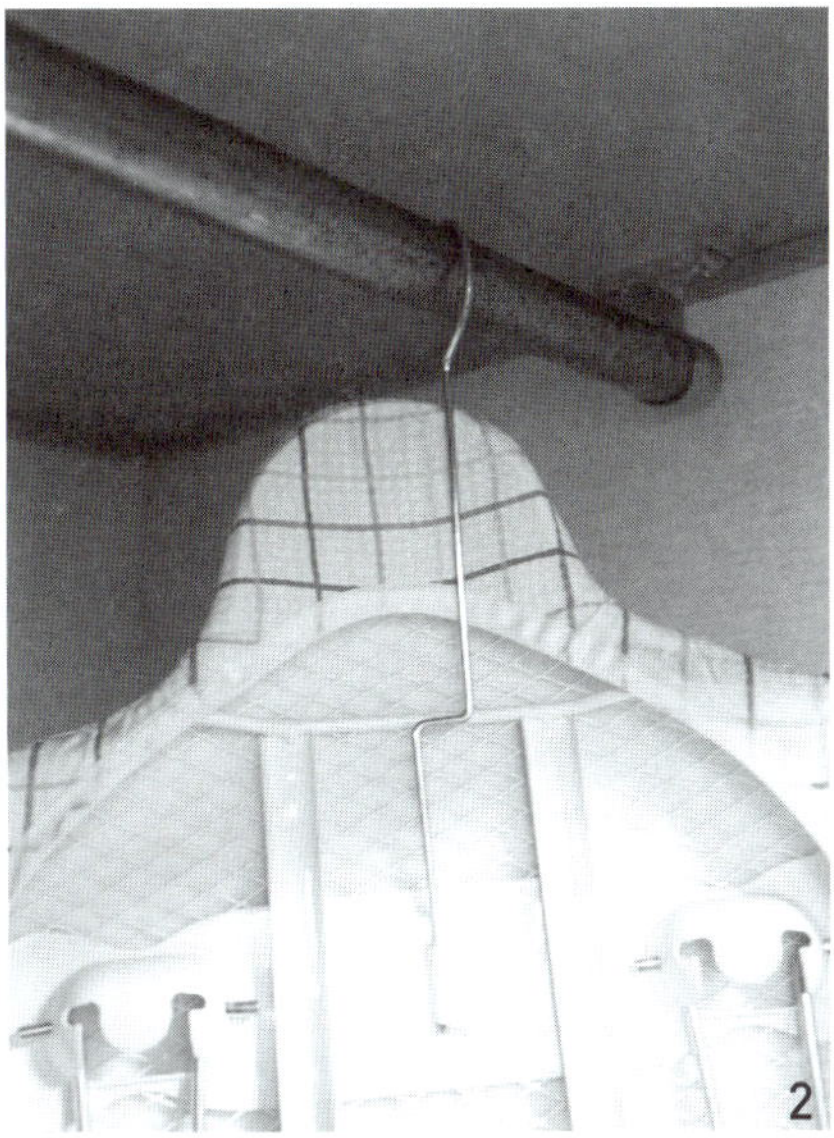
2

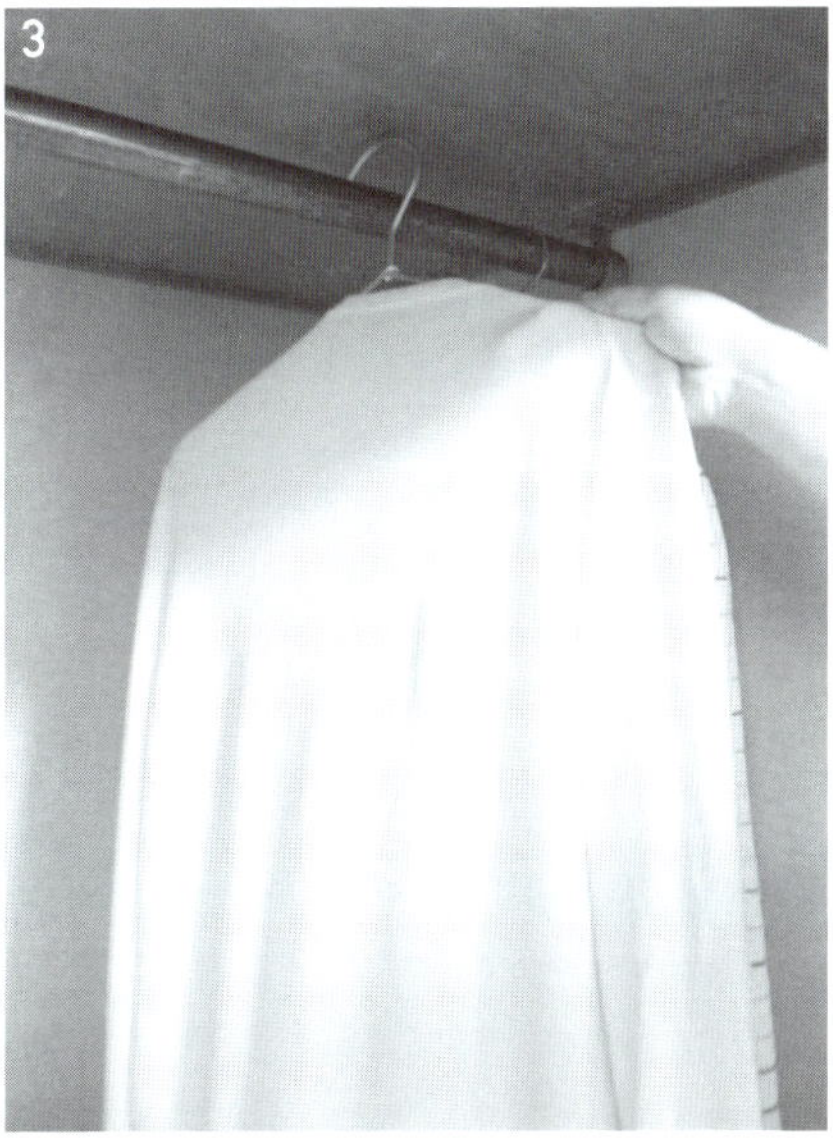
3

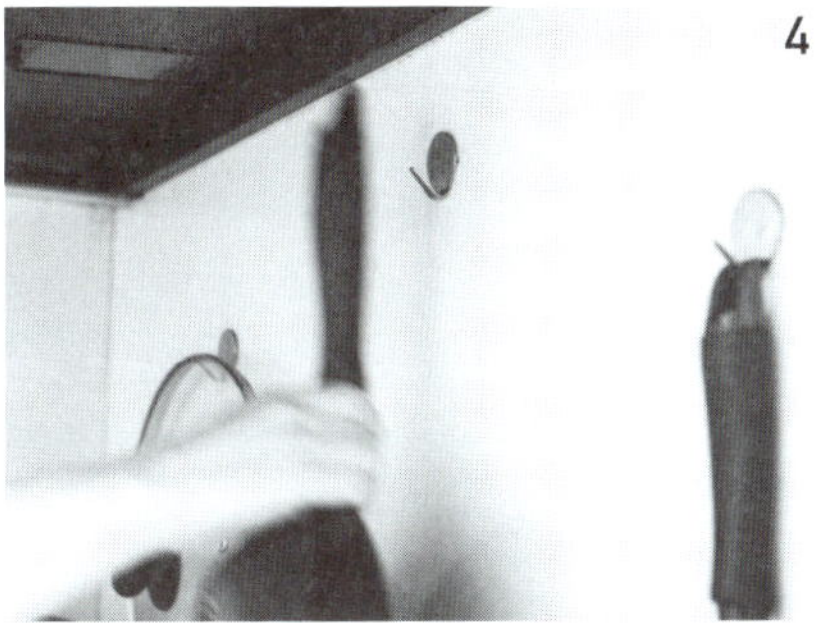
4

1 部屋着や下着は家族それぞれ、ほうりこむ箱を作ってあとは各自で管理。
2 収納に場所をとるアイロン台も、吊るしてしまえばスッキリ。
3 クローゼットの中はギュウギュウに詰めず余白をもって、取り出しやすく。
4 キッチンでよく使う調理道具も吊るして、サッ取れ。

〝だけ〟でいい片づけ12

〝たたむ〟が苦手なら「吊るす」「ほうりこむ」だけ！

「洗濯物をたたんで、しまう」これが私にとっていちばん苦手な家事でした。気合を入れてたたんでも、タンスにしまうのがめんどうで放置しているうちに雪崩を起こし、ぐちゃぐちゃなんてことがしょっちゅう。タンスにたたんで立ててしまうなんて私にはハードルが高すぎたのです。

そこで干すときにハンガーに吊るせるものはぜんぶ吊るすようにし、乾いたらそのままクローゼットへ。家族にも乾いた洗濯物をハンガーごと渡して「あとは自分の部屋に持って行って」と言える**「たたまない生活」にしたのです**。シワになっても困らない下着や靴下、部屋着は家族それぞれのカゴを用意してほうりこむだけ。

洗濯物は、「吊るす」か「ほうりこむ」かをすればいいと決めたら、衣類の管理にストレスを感じなくなりました。

クローゼットに吊るせる量だけが、自分が持っていい服の量と決めると買いすぎも防止できます！

お手数ですが
63円切手を
おはりください

郵 便 は が き

104-8357

東京都中央区京橋 3-5-7
株式会社　主婦と生活社
ライフ・プラス編集部

「ADHD」の整理収納アドバイザーが
自分の体験をふまえて教える！
「片づけられない……」をあきらめない！

読者アンケート係　行

本書をお買いあげいただき、誠にありがとうございました。お手数ですが、
今後の出版の参考のため各項目にご記入のうえ、弊社までご返送ください。

お名前	男・女	歳
ご住所　〒		
Tel	E-mail	
今後、著者や新刊に関する情報、新企画へのアンケートなどを、郵送またはＥメールにて送付させていただいてもよろしいでしょうか？　＊1　□はい　□いいえ		
あなたのご意見・ご感想を、広告などの書籍の PR に使用してもよろしいですか？　1　実名で可　2　匿名で可　3　不可		

※ご記入いただいた個人情報は、上記＊１の目的以外に利用することはありません。

●この本を何で知りましたか？

1. 書店で見て（書店名　　　　　　　　　　　　　　　　　　　　　　　　　　）

2. 新聞（　　　　　　　　　　　新聞）　3. 雑誌（　　　　　　　　　　　　　）

4. インターネットの情報（　　　　　　　　　　　　　　　　　　　　　　　　）

5. その他（　　　　　　　　　　　　　　　　　　　　　　　　　　　　　　　）

●本書へのご感想・著者へのメッセージをお願いします。

ご協力ありがとうございました。

2

1

4

3

1 紙ものはざっくりとフォルダに立てて収納。重要なものはセンターに。
2 透明、半透明の容器を愛用。中身がパッとわかると、変色する前に使いきれるように。
3 キッチンのよく使うものはすべて見えるポジションに。しまいこむと使わなくなる！
4 キッチンの出窓。麦茶のパックや調味料を透明容器に入れ、迷わず手に取れるように。

部屋をスッキリ見せるには「床を広く出す」だけ！

部屋の印象を決めるのは床、壁。この2か所が面として広々と出ているとスッキリ見えます。ポイントなのが**「床にものをちょい置きしない」**。床に置いていいのは家具と家電、ゴミ箱だけとしてみましょう。たとえば床に置きがちなのはカバン、バッグ。玄関脇や家族それぞれの部屋に定位置を作ったり、リビングに置くのであれば、棚上にバッグ置き場を作って床面はふさがないようにします。どうしても床面になにかを置いてしまう、置かなければしまい場所がない、という場合は**せめて「壁の1面に寄せる」**。あちこちにものを散乱させず、部屋の中央を広く使えるようにします。

大きめのカゴを部屋の隅に準備し、**とりあえずのスペースとする**のもテです。このスペースはなにを置いてもよいけれど、あふれる前に中身を定位置に戻すことを心がけます。とはいえ、帰宅直後のあわただしいときや忙しいときなど、つい床にものを置いてしまう

延長コードは床に延ばさず壁にはわせて。切り替えスイッチも窓際に設置してスッキリ。

のはしかたのないこと。しかしそのまま放置すると、ものの吹きだまりとなってしまうので、夜寝る前や、朝起きたときなど1日1回は、床に置いたものを意識的に定位置に戻すリセットタイムを作れると理想的です。

床にものを置かなくなれば、掃除もしやすくなります。ADHDタイプは「片づけ」だけでなく「掃除」も苦手な人が多いのですが、床にものがないことで、掃除にとりかかるハードルがグッと下がります。私の場合、床になにも置かない習慣がついてきたので、以前から気になっていた「水が出るタイプのお掃除ロボット」を買ったのですが、これが便利。床面に散らばるペットの毛や尿汚れも取り去ってくれるので、掃除の負担が減りました。

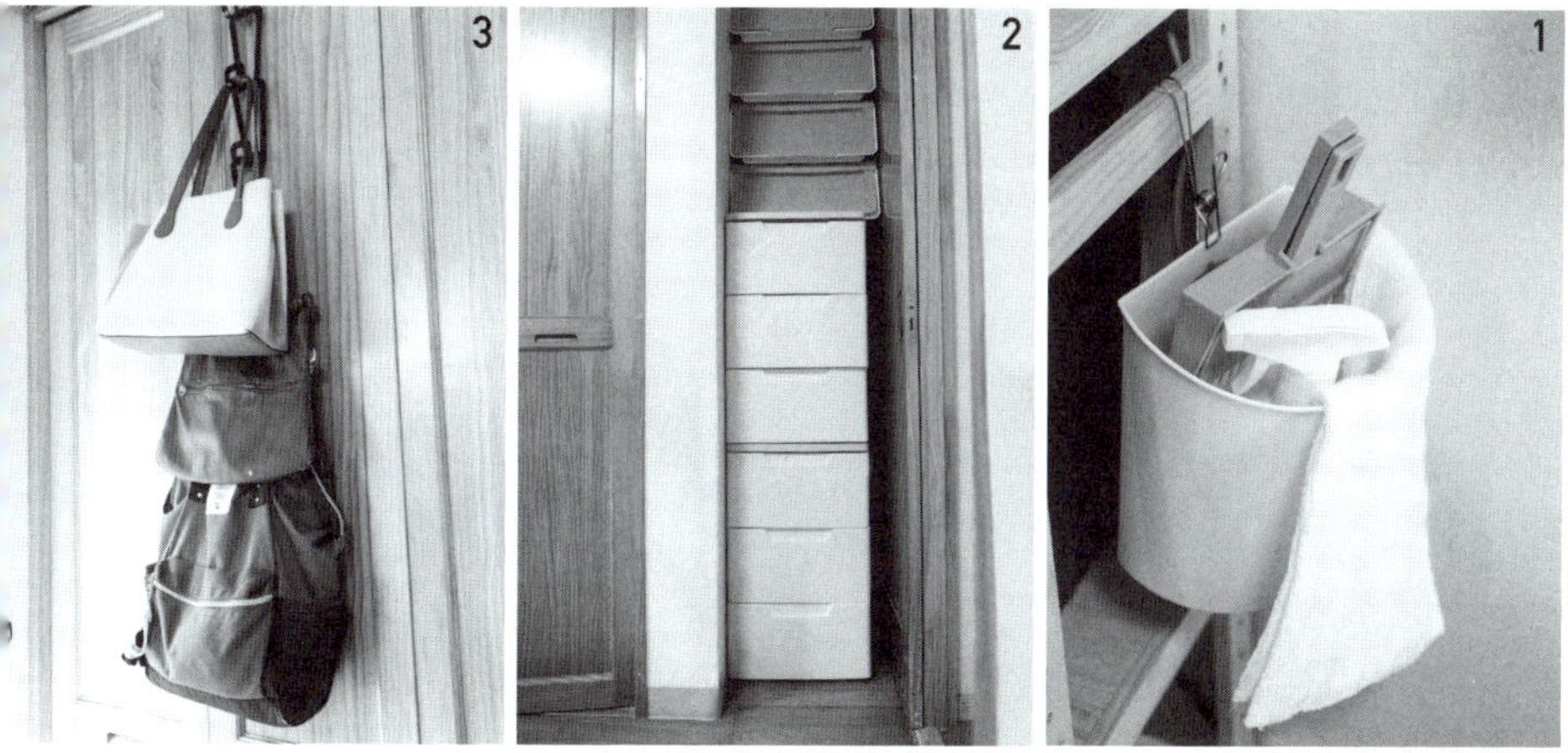

1 掃除道具は、階ごとに。目についたときにササッとできるよう片隅にまとめて。
2 部屋のすきまも有効活用。使う頻度の高いものは目の高さに収納。
3 床置きしやすいバッグ類は吊るして収納。帰ってきたらここに掛けることが習慣に。

"だけ"でいい片づけ 14

詰めこみ収納は失敗のもと「すきまを作る」だけ!

すきまがあればものを詰めこみたくなるのは人間の心理かもしれません。でもすきまのない収納は出し入れがめんどうになり、中のものをうまく活用できない原因に。以前のわが家のタンスは120パーセントのギュー詰めだったので、欲しい服を1枚取り出そうとしてもほかのものまでいっしょに飛び出してしまう状態でした。そんなタンスだと押しこまなければ服はしまえず、それがめんどうで部屋じゅうに洗濯物が散乱する始末。そこで**7〜8割収納を心がけるようになりました。**

詰めこみがちといえば、「冷蔵庫」ですが、今は見渡せる量しか入れないようにしています。冷凍室はきっちり詰めたほうが冷凍効率がよくなるといわれていますが、ギュウギュウ詰めだと中身がわからなくなり取り出しにくいので、2割くらいの空間はつねに確保するように。中に保存するときも、肉や切り身魚はパックから出してラップで包み、透明の保存袋に冷凍した日付を記入して「可視化管理」をしています。

1

1 いちばん手に取りやすい棚には、すぐに食べる「仕込みずみのおかず」を。週に一度は庫内を掃除して、清潔に。
2 業務用スーパーを愛用。マッシュポテトや揚げなすの冷凍食品が便利。肉はキロ単位で買い、200gずつ小分けして冷凍。
3 キッチンが狭いので作業台はいつも広々使えるよう、調理後はすべてのものを所定の場所へ。

3

2

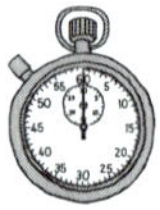

書類収納は「ざっくり」だけ！

片づけが苦手な人が、とくに苦手とするのが「書類」。大事かそうでないかを見分ける集中力と、1枚ずつ確認が必要という根気のいる作業なのでハードルが高いのです。細かく分けようと思うといつまでも重い腰が上がりません。生活関係、仕事関係、学校関係、人別（ママ、パパ、子ども）、重要、とりあえず保管などざっくりとした分類でファイルボックスを作り、ラベリング。自分がいちばん分けやすいと感じる分類にします。書類はたまると処理することがつらくなるので、外から入ってきたらその場でファイルボックスへ。

書類を捨てるタイミングがわからず、なんでもとっておくという人が多いのですが、確認や処理が終われば不要になるものが大部分。書類は日々入ってくるものなので、**旬を過ぎたものは、どんどん処分していくようにしましょう**。手もとに残しておきたい書類は「スキャンスナップ」というスキャナーを使うと、高速でデジタル化できて便利。

資料や切り抜きはクリアファイルやクリアシートに入れて中身が見えるように保存。

"だけ"でいい片づけ 16

大切なものの紛失を防ぐには「重要ボックスを作る」だけ！

いつもどこかに無意識にものを置いてしまい、あたふたするということがしばしば。同じように悩んでいる方も多いようで「実印が見つからないので探してほしい」とか、「PTA役員で集金したお金と資料が見つからないので探してほしい」といった依頼もあります。

「重要ボックス」を作り、重要なものは必ずそこへ入れるよう習慣づけることで生活のトラブルは減ります。重要ボックスは処理が必要なもの（振込用紙、子どもの学校へ提出する書類など）と、たまにしか使わないもの（実印、パスポート、通帳など）に分けるのがおすすめ。処理が必要な重要ボックスは定期的に確認し、早めに完了させます。

「重要ボックス」は置く場所を決めること、それを**家族と共有することも大切**です。とくにシニアと暮らしている方は、その方専用のボックスを作って1か所管理を。「どこいったの？」「なんでないの」といった不毛な会話や手間を人生からなくしましょう。

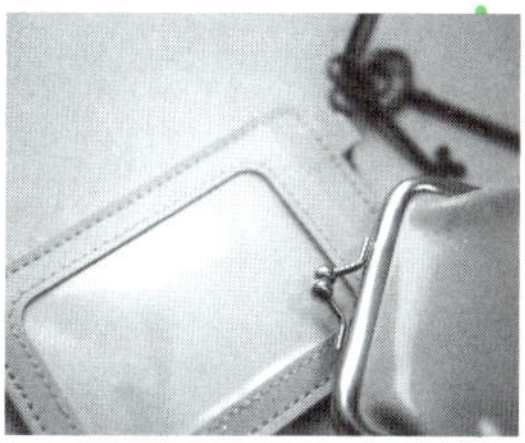

「出かける前に必要なもの」はカゴにひとまとめ。スマホ以外は1か所に。

使いやすい収納は「自分の動線上に置く」だけ！

いっしょに使うアイテムは1か所へ。家事動線は「一筆書き」が理想。

見た目がきれいな収納も、使う人の動作・動線に合っていなければ、結局戻すことがめんどうになり、片づけが定着しません。ものの定位置を決めるときは、日常の動作や暮らしの動線に合わせることが大切です。私自身、以前はバッグの定位置を自分の部屋に決めたけれど、いつもリビングのソファの上に放置してしまうクセがありました。帰宅後の動線を考えたら、しごく当然。帰宅後すぐに自分の部屋へ行くことはなく、リビングで家事をしたりくつろいだりしているから、そうなってしまう。ならば、とリビングをバッグの定位置に決めたけど、出しっぱなしはイヤだったので「壁に吊るす収納」にしました。

よく使うものほど**取り出しやすい位置に配置することもポイント。取り出しやすい位置とは高さでいうなら「真ん中がもっとも便利で、次に低いところ、そして高いところ」、奥行きであれば「奥より手前」**。使わないものは奥や高い場所へ移動させましょう。

"だけ"でいい片づけ 18

迷ったときに意識するのは「もとに戻す」だけ！

片づけられる人がやっているシンプルなルールは「使ったら、もとに戻す」。でも片づけが苦手な方はそれができなくて困っているんですよね。

まずはものの定位置を決め、ラベリングをすることが大切です。取り出しやすさもアップしますが、「不要なものが交ざらない」ように予防線をはる目的もあります。大切なのは「読みやすさ」。インスタなどで英語のおしゃれなラベルを貼った収納なども紹介されていますが、**子どもに読みにくかったり、自分でもわかりにくかったら意味がありません。**英語が苦手な人は、日本語で表記。見づらい筆記体やフォントはやめたほうが無難です。最近では、インターネット上でラベリング用の無料テンプレートもあるので、自分に合うものを利用してみては。

戻す場所は、小さめの「枠」のほうが探す手間が少ない。ペン立てもコンパクトにして使うものだけをスタンバイ。

〝だけ〟でいい片づけ 19

片づけを定着させるには「リセットタイムを毎日とる」だけ！

片づけが苦手な人に「毎日決まった時間、片づける習慣がありますか」と聞くと多くの人が「ない」。気づいたときに片づけるという場合がほとんどですが、ものを定位置に戻す習慣がなく、それを修正する時間をとっていなければ、片づかないのは当然です。

初めは5分からでかまいません。少しずつ慣らしていき、1日15分間、ものを定位置に戻し部屋を片づける習慣を身につけましょう。朝起きたときや、朝食の片づけのあと、帰宅したときなど、決まった時間に片づけタイムをとるとルーティン化しやすくなります。「リセットタイム」があることで**「リセットタイム以外は散らかっていてもいい」**と思えるのでラク。片づけに追われる苦しい生活は本末転倒です。

もし毎日リセットできなければ2日に1度、3日に1度でもよし。大切なのは乱れても戻すという習慣をつけることです。

「片づけは歯磨きといっしょ」子どもにはそんなふうに教えていました。やらないと1日がスッキリ終わらない。その気持ちを持てるようにするには、子ども時代からの「片づけ育」が大切だと実感。

"だけ"でいい片づけ 20

先延ばしを防ぐには「"スイッチワード"を使う」だけ！

「イヤなことは先に延ばすクセ」で、どれほどイタい目にあってきたか……。なので「あとでやる」と思ったら「今すぐやる」に心の中で言葉を変換するようにしています。

それでもいつもの「めんどくさい」が首をもたげはじめたら、その場で立ち上がって腕をふって**「とにかく動く！」と声に出す**。立ち上がったらなにかをやらざるをえない気分になるし、声に出すことで自分に活が入ります。自転車もこぎはじめは大変ですが、こぎ出してしまえば軽い力で進むのといっしょです。行動をオフからオンに切り替えるこうした「スイッチワード」は、とくにADHDタイプのクライアントさんから評判がよく、「即効性がある」とのお声が。両手を腰にあててつぶやいたり、こぶしを作りながら叫んだり「動作」と合わせると発動スイッチが入りやすいのでおすすめ。

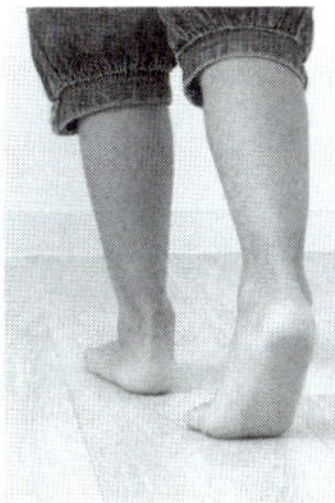

片づけのやる気が起きないときは……一歩を踏み出すための言葉を唱えて、体を動かす！

どうしてもやる気がわかないときは「イメージングする」だけ！

いくら頑張ろうと思っても、モチベーションが下がってしまうときはありますよね。そんなときは、片づけられたあとのことをイメージしてみましょう。「ものが見つからないイライラが減る」「重要なものをなくして落ちこまなくなる」「友達を気軽に家によべるようになる」……。イメージをどんどんふくらませていくのです。

キーワードは5つのK。「経済」（ものを管理できるようになり、ムダ買いやダブり買い、衝動買いなどが減る）、「空間」（ものの整理をすることによって、居住スペースに余裕が生まれる）、「気持ち」（片づくと、スッキリしてストレスのない精神状態になれる）、「健康」（片づけが進むと掃除もできるようになり、衛生面でもメリットが生まれる）、「関係性」（部屋がきれいになると、もの探しによる遅刻が減ったり、社交的になったり、人とのよい関係が築けるようになる）。人生まるごとお得に、快適にできるのが片づけです。

「風通しのいい部屋でおいしいお茶を飲みたい」。私もつねに理想をイメージして片づけをモチベーションアップ。

"だけ"でいい片づけ 22

ひとりで解決することが難しいときは「人に頼る」だけ！

日本ではまだ、家事を外部へ委託することに引けめを感じる方が多いようですが、身内や友人にサポートを頼めない場合は、プロに片づけを依頼するのも手。精神科医の櫻井公子さんの著書では、片づけを業者へ依頼することを以下のようにたとえています。「病院で入院患者さんが便秘になったとき、看護師さんが摘便といってかたまってしまった出口の便を指で取ってあげることがある。そのあとは便が出やすくなる。**荷物がいっぱいの家もおうちの便秘と思って恥ずかしがらずに専門家に手伝ってもらう**とずいぶんラクになるのでは？」と。「汚部屋」という「腸閉塞」になる前に、早めの対処で症状を軽くするのです。

20年以上掃除や片づけをしたことがないというクライアントさんでもいっしょに作業をすると自然に手が動いていきました。プロに手伝ってもらい、部屋を一度リセットすると「現状を維持したい」という思いもあって、片づけがスムーズに回りはじめます。

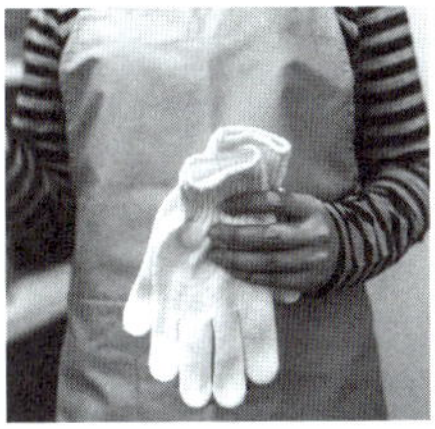

家具を移動させたり部屋のレイアウトを変えたりなど、ひとりではできない大がかりな片づけで、部屋がガラリと使いやすくなることも。

年末の大掃除や片づけは「気になるところ」だけ！

大掃除といえば年末に行うもの。日本では古くからの常識のように思われていますが、寒くて体を動かすことが厳しい季節、年の瀬のあわただしい時期に大掃除を行うのは、じつはなかなか大変なことだと思います。

欧米では「スプリングクリーニング」といって、春に大掃除を行うのが一般的なのだとか。暖かくなるので動きやすいし、窓を全開にして換気しながら掃除もできます。冬の暖房の結露でできたカビ汚れを落とすのにも最適。日本では新学期や年度の変わり目なので、使わない教科書や書類の処分もしやすくなります。最近は秋に大掃除をするお宅も増えているそうで、夏のあいだに増殖したダニを除去するのにも適しています。

わが家の場合、年末の大掃除や片づけはやりません。1年の終わりはゆっくりと体の疲れをとることを優先し、掃除するとしたら玄関まわりや神棚くらい。**〝神様が気持ちよく家に入ってきてくださる動線上〟だけはきれいにし、運気を上げて新年を迎えます。**

以前に伺ったお宅の玄関と続き廊下。3分の1のスペースが物置に。たまっているものを家族それぞれの部屋に移動させ、風通しよく。玄関は家の顔でもあるので、靴以外は表に出さないのが理想。

“だけ”でいい片づけ 24

“ていねいな暮らし”は「ちょっぴり」だけ！

「ていねいな暮らし」や「ていねいな生活」という言葉がメディアで取り上げられています。整った部屋でのスローライフ……実践する同世代の女性たちは、私のような「おおざっぱ」には遠い存在。すべてを“ていねいに”とはいかないけれど、少しならマネできます。

たとえば**「気に入ったものを大切にする」**。食器はシンプルな白を家族分だけ、観葉植物は形のかわいい多肉植物を部屋にいくつか、基礎化粧品は手作りのローションひとつだけ。飽きずに、割れずに、なくさずに使いつづけているものは、自分にとって縁のあるもの、価値のあるものと思って大切にしています。そして**「心を落ち着ける」**。「マインドフルネス」を実践したり、忙しいときほど日常動作をていねいにすることを心がけたり。片づけの先にある、自分らしい豊かさをこれから楽しんでいきたいなと思います。

Column

臨床心理士
南さんの

「片づけをラクにするシート」

ここ最近、「大人のADHD」がメディアに取り上げられたり、著名人の公表もあり、「もしかして自分も」と思う方が日々、私のカウンセリングルームを訪れています。お伝えしている大切なことは「特性を受け入れる」。そして「自分には期待できない」と思ってしまう、ネガティブ思考のクセに気づくこと。「人からまたなにかを言われるのではないか」という思いこみが強いと、おどおどした態度からモラハラやパワハラにあいやすいこともあり、不安障害などを発症するケースも。自分にはADHD傾向があるかもしれないと思ったら、専門機関にアクセスして早めのサポートを受けましょう。

左のカウンセリングシートは、片づけに悩む方の自己肯定感をフォローする目的で作ったものです。あるがままの自分を見つめ柔軟な考え方へのクセづけをしていきます。「完璧をめざさない」「物事を白か黒かで判断しない」といった臨床心理学の認知行動療法がベースです。

記入例を参考にしながら、ノートなどに書き出して実践してみてください。

「片づけの心のブレーキを軽くする」ための カウンセリングシート

あなたが「片づけよう」と思うときの、心のブレーキを軽くする質問をいくつかします。気分が少しでもラクになれば成功です。

・視点を広げるのが目的なので、全部に回答できなくともOKです。
・深呼吸するなどして、気持ちを落ち着けて答えてみましょう。
・頭の柔軟体操のつもりで、気楽に考えてみましょう。

❶「片づけに取り組もう」とした際に、浮かんでくる考えはなんでしょう。思いつくままいくつか書き出してみましょう。

（記入例）どうせ片づけられない、めんどくさい、また失敗する　……など。

❷ ①の考えのなかで、「いちばん自分を苦しめているもの」に〇をつけましょう。

❸ ②の気分をひと言で表すと？

不安、恐怖、恥ずかしい、落ちこみ、劣等感、焦り、罪悪感、絶望、つらい、情けない、怒り、悲しみ、あきらめ、混乱、がっかり、苦しい……など、思いつく感情は「100点満点のうち何点」くらいでしょう。以下の記入例を参考に書いてみましょう。

（記入例）・不安（70点）・情けない（80点）・罪悪感（80点）……など。

次に、②で〇をつけた考えについて、さまざまな視点から考えてみましょう。「片づけ」に対する自分の気持ちをさらに見つめてみます。

❹ ①の考えが、そのとおりと思う理由は？

（記入例）・ママ友たちは、片づけができていて、自分だけができていない。
・片づけが苦手だし、この状態の部屋を片づける自信がない。
・これまでもうまく片づけられたことはない　……など。

❺ ①の考えを否定する事実や考えは？

（記入例）・片づけができないからといって、ほかの人から主婦失格と言われたわけではない。
・まだ手をつけていないので、ムリと決めつけることはできない　……など。

次のページへ

**❻もし親友がそのように考えて苦しんでいたら、
なんと言ってあげたいですか？**

（記入例）・自分を責めても苦しいだけだよ。自分のできているところにも
目を向けてあげよう。
・いきなり初めから完璧をめざすのは難しいので、
少しずつ区切って片づけていければいいよ　……など。

**❼「片づけが苦手」という今の状況のなかでも、
自分が頑張っていることは？**

（記入例）・ADHD傾向があって苦手な片づけではあるけれど、
少しでも改善しようと努力をしている。
・ムリと思いつつも、なんとか片づけようという思いを持てていること
……など。

❽この考えから解放されるためにできる行動は？

（記入例）・まずは片づけの計画を立てる。
・タイマーで時間を計って15分だけでも片づけに取り組む　……など。

❾自分の心を１％でも軽くする声がけは？

（記入例）・苦手に取り組む自分はえらい！
・千里の道も一歩から！　今日できる分だけ前に進もう！　……など。

❿④～⑨の質問の答えをまとめて、バランスのとれた考えにすると……

（記入例）・自分を責めても苦しいだけなので、ADHD傾向がありながら、
苦手な片づけを改善しようと努力していくのはえらいことだ。
・まずは片づけのための計画を立てるところから始めよう　……など。

⓫そう考えると、③の気分はどう変わるでしょう？

（記入例）・不安（40点）　・情けない（30点）　・罪悪感（30点）　……など。

第3章

「片づけられない」のはあなただけじゃない！苦しい部屋をぬけだそう

「サボっていたんじゃないんだね、苦しかったんだね」。私がADHDの診断を受けたときに娘から言われた言葉です。同居する家族からあれこれ言われて悩んでいたり、理解が得られなくて孤独を抱えていたり――どなたもそんな背景を抱えながら勇気をふりしぼって私に整理をお願いしてきます。そこでこの章では片づけ現場でありがちな問題を漫画にしました（登場人物は架空で著者が実際に対応した人とは異なります）。

クライアントさんといっしょにめざしているのは「自分のことを好きになれる部屋」です。

「片づけスイッチ」は自分の中にある

なぜ片づけたいのですか？
変わりたいんです
なぜ変わりたいのですか？
このままの自分はイヤなんです……
話しているうちに涙があふれた
片づけるためにあなたの中にある「スイッチ」が必要かも
たとえば……朝起きたらテレビのスイッチを入れてはどうでしょう？
それが片づけというアクションに入る「スイッチ」です
次の日、さっそくためしてみました
テレビのスイッチを入れただけなのに私の中のなにかが切り替わるのを感じました
できない自分からできる自分へのきっかけ
私もしかしてできるかも！
イメージできた……
ON
なんでもいい「変わるためにアクションすること」
人生好転のスイッチを探していたように思います
今日も私が訪れるのはかつての自分と同じ片づけられない家に住む困っている人
私が来たことで依頼者の人たちにもスイッチが入ることを願って現場へと向かいます

エピソード 1

夫の〃きれい好き〃に悩む40代主婦のケース

いつも主人に怒られるんです
食事後にすぐ片づけてって
部屋も表面上はきれいにできても
引き出しを開けると
ごっちゃり……
ゼラチン
でもたとえ表面上でもきちんとしているじゃないですかすごいことですよ！
立派!!
いえ、主人がとてもきれい好きで
私の片づけでは満足できないのだと
じつは私…小さいころからそそっかしくて
調べてみたらＡＤＨＤだったんです
子どものときから
片づけができない
いつもあわてている
ミス・忘れ物が多い
忘れた!!
こんなふうだから、ずっと結婚相手も見つからなくて

年上で、社会的にもきちんとした立場の今の夫と結婚できたことで
やっと居場所ができた
と思って心からうれしかったんです
でも……
頭痛？そのくらいでさぼってないではやく洗い物すませてよ
もーっ！
壁が汚れるよ！
壁にはなにも立てかけない！
子どもとばかり遊んでないではやく部屋を片づけて
客なんか来ないんだから来客用の湯のみ茶碗なんか捨てちゃおうよ！

ボクのルールに従って！
それもこれもいらないから捨てて！
部屋はいつもスッキリさせておいて！
私がちゃんとしないから叱られる……
やっとできた居場所なのに……
ポロポロ
ちゃんとしないと私が捨てられちゃう……！
夫とは意思の疎通が難しくて……
私がダメだからなんです
それは違うと思います

臨床心理士 南さんの 「片づけが苦しい」をときほぐす〝ワンポイントメモ〟

カサンドラ症候群とは

ASD(自閉症スペクトラム、アスペルガー症候群)のある人とよい関係が築けないために、心身ともに苦しむこと。配偶者や職場の同僚といった身近な人がASDであった場合、がまんが重なり、自尊心の低下や怒り、不安や恐怖感といった症状が生じることがあります。カサンドラという言葉はギリシャ神話の中で予言を信じてもらえなくなった女性の名前に由来するもの。正式な病名ではないので、精神科や心療内科にかかると「適応障害」や「パニック障害」と診断されることが多いです。物理的に距離をおくことで回復することがありますが、「カサンドラ」という概念が最近のものであり、多くの人は自分が当事者であることに気づいていないのが現状です。

ASDのある人は秩序や決まりごとを好んだり、特定の「もの」に強い関心を示すことがあります。そのため同居している家族がその融通のきかなさに悩み、だれにも話せないまま苦しんでいるケースがあります。最近では、「カサンドラ」の人たちの自助会が全国に立ち上がりつつあるのでチェックしてみてください。

アスペルガー・アラウンド http://asperger-around.blog.jp/

……知らなかった……
私がとにかく悪いんだと思ってた
ADHDとASDのカップルは世の中にけっこういるといわれてます
ADHDにとっては自分にないものを持っているASDにひかれ
ASDはめんどう見がよくお世話好きなADHDにひかれる傾向があるのかも
大変だけど離婚する気がないのであればお互いの特徴を理解して対策するのがいいのだけれど
主人はいっしょうけんめい家族のために働いてくれいいところもたくさんあるんです
子どももいるし離婚せずに支えていきたいです
「自分ルール」がたくさんあってきれい好きいつも部屋じゅうをスッキリさせたいご主人
いっぽうスミレさんは分類が苦手で収納下手
ご主人の自分ルール
ゴチャゴチャさせない
壁が汚れるので壁にソファもつけない
ラベリングもしたくない
機能美優先

まずは書類や小物が並び
ご主人から苦情が出ている
「本棚」から着手
今収納して
いるものを
全部出して
バサーッ
白で統一した
ファイルボックスと
引き出し収納を
入れてスッキリ
書類と小物をしまいます
ご主人は
見た目の美しさにこだわり
ラベリングすることすら
イヤがるとのこと
見にくいけれど
ボックスの内側に
ラベルを貼りましょう
これまで片づけに
伺った家でも
収集したプラモデルを
自分なりのルールで
しまわないと
気がすまないご主人や
鉄道模型や昆虫の
標本をきっちり管理する
ご主人など
システム化にこだわりの強い
タイプがいろいろいました
き…きれい……！
独特の世界を持つ
配偶者がいると
合わせるのが大変です……

納戸の中身も全部出して
ドサーッ
スチールラックを入れましょう
使用頻度の低い生活用品は奥へ
よく使うもの←
→ストックなど
奥
手前
ご主人の使うものは取り出しやすい手前へ配置しておきましょう
おー
いちばん気になっているのがキッチンなんですけど……
カオス……!!
ものは使用頻度に分けてしまうといいですよ

それぞれの使用頻度はどうですか？
おたまと菜箸は毎日使う
栗の皮むき器は……もう何年も使ってない
よく使うものは使いやすい場所へ
1軍のポジション
あまり使わないものは棚の上など、納める場所のルールを決めましょう
棚の上はあまり使われてない2軍
どんなものにも「住所」が必要 戻す場所さえ決めてあげればゴチャつかない
あるべきものをあるべき場所に戻せばいい 片づけはシンプルに それだけを守ってね

しまい方のルールがわかったら私にもできそうな気がしてきた……！
これはよく使うから下!!
そうそう！
スミレさんは大丈夫とっても頑張ってます
ポロポロ…
…私……
以前も専門家に片づけをお願いしたことがあるんですがものが多い、だらしないと注意を受けながらの作業だったんです
お金を払って依頼しているのに叱られるなんて自信がなくなってしまって……
しっかりしなさい
肯定されること他人にもされなかったし自分でもしてこなかったな……って
整理整頓はただ空間を片づけるのではなく心の整理も同時に行うことが大切です
使うものにとっても使う人にとっても快適な状態を作り上げていくことそれはその家によってさまざまでマニュアルもあるようでない……

エピソード 2

子どもの友達を家によべない40代主婦のケース

……というワケで
お助けいただきたいの
だけど……
この部屋、1日で
なんとかなる？
どーーん
シェルフ
（開かない）
机の下も
ゴチャゴチャ
はじに
よせた
カバンや
ぬいぐるみ
コードが
床にたくさん
しまいきれていない
ものが多いですね
いや－……
じつは以前
友人にも
お金を払って
片づけを
依頼したことが
あるんです
自分ではどうにも
ならなくて

そしたらまぁ、捨てるわ、捨てるわ!
こんなものいらないよね? これも古いし、これも、これも捨てるよ
ポポイ
ポイ
ポイ
ポイ
ガー!
そ…そんなに捨ててしまうの……!? いつか使うし高かったし!!
終わったあとにはなんともいえないいや~な後悔だけが残って……
もう何も手放さない!!
まだ使えた もったいない 人にあげられた
それ以来よけいに捨てられなくなってしまったのよね~…
大丈夫、ムリに捨てなくてもいいですよ 納得せずに捨てると反動がきますから
ホッ
まずは「移動」するのはいいですか?
捨てなくていいの? 移動でいいの?
ええ、それなら…!

まずはリビングのいちばん便利な場所にあるシェルフをなんとかしていきましょう！
シェルフの前に机があって扉が開かない状態に……！
開くように
最初に机を「移動」して……
シェルフの中には昭和の文学全集200冊……！
ぎっちり
本が大切だからここにしまっているの
この文学全集は読みやすくて気に入って初版でそろえたの○○書房と◎×出版のものは同じシリーズで歴史ものとかミステリーも書斎にたくさん置いてあってコレクションしているの
足の踏み場もないんだけどこれだけは手放せないのよね
もう何年読んでいませんか？
10年以上…いや、もっと……

まずはこれを書斎に「移動」させましょう
本棚
!!
おおっ
一等地のシェルフに空きスペースが！
空いたスペースは使用頻度の高い娘さんの習い事道具や床に落ちているバッグを収納しましょう
わ～い便利！
娘さん
シェルフの上にカゴを4つ「一時物置き場」を作って床やテーブルに置かない仕組みにしましょう
リビングの床が見えている！これならまっすぐ家じゅうを歩ける！
スゴイ！

さて次は
寝室の和室
ジャングル
和室〜
大量の衣類が
まるで部屋じゅうに
生いしげって
いるかのよう
残すもの！
捨てるもの
リサイクル
ショップに
出すもので
仕分けましょう
捨てるもの
45ℓのゴミ袋
10個分!!
この大量の
靴下は……
200足!!
じつは
私…靴下が
大好きで
穴があいている
5足は
捨てていいけど……
それ以外は
捨てたくない……！
冷え性だから、
いつも
靴下がいっぱいないと
不安なんです

臨床心理士
南さんの

「片づけが苦しい」をときほぐす
〝ワンポイントメモ〟

ADHDとASD

ADHDとASDはそれぞれ単独の症状として出ている場合もあれば、重なり合っているケースもあります。ADHDの人の家が散らかるのは「片づけられない」ため。衝動的にあれこれものを買ったものの、管理できなくなって途方にくれてしまうからです。いっぽうASDの人の場合は、こだわりが強く「ものを捨てられない」ため。「家が散らかっている」原因はさまざまですが、こうした「特性の重なり」があるケースも多く、対処が難しいことも。もし自身や家族に心当たりがある場合は医療機関、発達障害者支援センターにサポートを求めましょう。

業者に電話
絶版になった○○文学全集の買い取り価格はおいくらですか？
あ～あれじつは新しいものが出ているので
現在の価値ゼロなんですよね
ガーン
ウソー！
文学全集
その後
MAIL
あれから、ものを探すムダな時間がなくなってとっても暮らしやすくなりました！
片づけが苦手な私を理解し、共感し、苦しみに寄り添った片づけをしてくださりありがとうございました。
少しでも快適に楽しく暮らしたいと勇気を出して希望に手をのばして本当によかったです！
捨てられない人もワンクッションおくと納得して手放せることも
あの文学全集は図書館のリユースに出しました。
期間をおいて考えたら、使う人に使ってもらったほうがいいって思えました。
リユース
文学全集

エピソード
3

「捨てる不安」を持つ独身女性のケース

臨床心理士 南さんの

「片づけが苦しい」をときほぐす
〝ワンポイントメモ〟

〝ロス〟があって捨てられない

「ためこみ症候群」とは日本ではまだなじみのない言葉ですが、ものや動物などを大量にためこんでしまう精神疾患。「捨てないで収集すること」にこだわり、捨てられることに抵抗を示します。散らかっていても「片づけたい」という気持ちが起きないため、ためこみが進行した段階で周囲が心配し、ようやく本人が自覚するという事例を見かけます。とくに本人にとって大切な人やペットを亡くした場合、その喪失感をカバーするかのように、身近なものを捨てられなくなるケースがあります。亡くす＝なくすということへのトラウマがある場合は、「捨てる」ことを一度に行うと逆効果。本人と相談しながら、捨てても心が痛まないものから少しずつ手放すことで克服していきます。トラウマをいやすためにカウンセリングが必要な場合もあります。

でも今度ばかりはさすがに部屋を掃除しないと、と思って……
わかりましたまずはこの大量の服をリビングに移動させて……
掃除機！
床を見たのは久しぶりかも～
ワオ
ああ！ペコちゃんの愛用していたおもちゃ！これはとっておいていいかしら！
もちろんです
すごい量の買いっぱなしのぬいぐるみ
捨てられますか？
絶対になにも捨てたくないもし捨てたらまた新しいものを買ってしまうわ
NO……
キャラクターの紙袋ずいぶんたくさんありますね。
捨てられますか？
NO……
なにも捨てたくないわ
捨てることに強い不安を持っているけどいちばん手放しやすいのはきっとこの紙袋

そこでいっしょに積み上げてみたところ……
1m50cmはゆうにある……!!
……これって使うかな…？
どう思います？
使わない…ね
1か所に集めて、モノの量を重さや長さや高さといった数で把握すると、持ちすぎが目でわかる
視覚化
いつかは使うととってあった紙袋や包装紙、リボン、箱をまとめて……
45ℓゴミ袋8袋分廃棄！
ああ！紙袋の地層下から壊れたテーブル発掘！
ど～ん
これは壊れて使えないから捨てたいんだけど…捨てる動作がめんどうで
すぐ粗大ゴミセンターに電話をして申し込みをしましょう
今、あとまわしにしたら二度と捨てるときはやって来ない！

紙袋はなんとか
ふんぎりついたけど
キャラクターグッズは
どれも捨てられない！
仕事を頑張った
勲章と思って
買い集めてきたんだもの
ムリに捨てなくて
いいです
今使っていないものは
奥に
使っているものは
前にしまうだけなら
できますか？
ワーオ
服もこうして積み重ねると
すごい量ってわかるわね……
どうしても服を
たたんで収納することが
できなくって……
その日着る服を
「地層」から
発掘して
暮らしている
ような感じ
地層
春夏秋冬
きっと
「きちんとしまう
収納」をしても
リバウンド
してしまう
細かい収納、たたむ収納は
しなくていいから
まずは大きなカゴを
用意して
下着
ボトムス
トップス
そのほか
床置きOK
季節外の服は
クローゼットへ

ざっくり
分類するだけ
たたまなくて
いいならラク！
私でも
できる……！
すごい…
きれいになった…
離婚や
ペットの死からくる
空虚感で
生きることすら
苦しくて
片づけも全然
できなかったけど
私、これで前に
進めそうな気がしてきた
「痛み」を抱えた人は
自分では〝片づけエンジン〟が
かかりにくい
でも
だれかと
いっしょなら
できる場合も
あります
頑張っている自分へ
快適というプレゼントを
あげてみて
前へ進める
活力がわいてくるはず

エピソード
4

ふたりの「片づけられない」小学生を抱える家族

キッチン一面に壁面収納があるのだけど無秩序に詰めこまれているだけ……
カレールー
みそ
食材はどこになにがあるかわからないから結局すぐそこのスーパーへ行っては詰め……の繰り返し
まず棚から全部出してみて賞味期限が切れているものは処分してみましょう
どっさり
NOODLE
NOODLE
残った食材を
お菓子
ジュース
缶詰
インスタント食品
健康食品
調味料
乾物など
ポテチ
NOODLE
Cal
シイタケ
に、分類＆ラベリング！
夫が食べるもの子どもが食べるもの自分が食べるものの分類も欲しいわ
わかりました作りましょう
片づけは家族みんなの「使いやすさ」を基準にすることが大切

私……片づけが苦手なくせにものがあふれた部屋にいるととても疲れてしまうんです
ちくちくする服が苦手だし
フローラル
強いにおいは具合が悪くなるので柔軟剤も苦手
もしかして、悲しいドラマや映画を観ると激しく感情移入してしまってたり人混みに行くと疲れたりしますか？
はい、確かに悲しいテレビを観ると何日間も悲しさを引きずってしまうし人が多い場所も疲れるので苦手です

臨床心理士
南さんの

「片づけが苦しい」をときほぐす
〝ワンポイントメモ〟

HSP（とても敏感な人）

音や光、感触といった五感に敏感。人の感情に巻きこまれて苦しい思いをしたり、ドラマや映画を観ても感情移入が激しかったり……そういった周囲から過度の情報を受け取ってしまう人をHSP（Highly Sensitive person）といいます。まわりを気にしすぎるために、生きづらさを抱えてしまう気質といったらいいでしょうか。病気でも障害でもないのですが、5人に1人はHSPの傾向があるといわれており、その概念が急速に広まっています。HSPの人は繊細なので、いろいろな情報を深く受け取りがち。部屋が散らかっていると、ものからたくさんの情報を受け取ってしまい神経が休まりません。ものの持つエネルギーに負けてしんどくなってしまうのです。HSPだと思ったら、不要なものを身近から取り除いていくこと。「捨てる」に重きをおいた片づけをめざしましょう。

※感覚過敏はASDの特徴としてもみられます。

敏感な特性を理解して静かな声で片づけを指導するなどしてあげるといいですよ
そしてどうして捨てられないのか聞いてみると意外な理由があったりします
親のほうも指導に工夫が必要なんですね
ADHDの特性がある子どもがひとりで片づけるのは難しいので
タイマーや音楽を使っていっしょに「遊び感覚」で片づけましょう
よーいドン!
しまう場所の「可視化」も有効です
たとえばドールハウスなどの大物は床にマスキングテープで印をつけて置き場所を決めてあげると戻しやすいですよ

これならボクできるよ！
私も片づけられるー！
このゾーンからはみ出したものはママのおもちゃにしちゃうぞ〜
ダメー
ボクのー！
アハハ
引き出しになにが入っているか洋服のシールをいっしょに貼ろう
はーい
お母さんが楽しそうに片づけること片づけたあとの気持ちよさを経験させてあげて
いっしょにやろう！
できたねえらいね！

今回ご紹介したのは
ほんの一例
「片づけが苦手」を
自覚している人は
「やっぱりこんなに汚い家は
人に見せられない」と
直前キャンセルも多くあります
他人を家に入れることの
ハードルは高いんだなって
実感する日々
HELP
HELP
HELP
HELP
ほとんどが
30〜50代の主婦からの
依頼ですが
最近
シニアのひとり暮らしの
女性からの依頼も
増えています
ティッシュ
テッシュ
ロール
トイレットペーパー
ものを捨てられないし
もの忘れもひどくなってるし
このあとどうやって
生きていったら
いいかしらねえ
終活中なの
さらには
実家の片づけは
お願いできますか？
と
離れて暮らす親への
依頼だったり
汚屋敷
で……
片づけが苦手な
子どもに
片づけの仕方を
教えてください
もう
どうしたらいいか!?
といった依頼も

住んでいる家も
狭いワンルームから
広い豪邸と
さまざまですが
不便な日常を
なんとかしたいと
どなたも望んでいる
そう
リ.バウンド
汚部屋
ただの
「整理収納」だと
いっときは
きれいになるけれど
きっとまたもとに
戻ってしまう
でも
「片づけ」とは過去の
片づけられない自分に
不都合な暮らしに
納得のいかない人生に
別れを告げて……
「かたをつける」ことなのかもと
思うんです
「自分を好きになれる」
〝片づけの恵み〟を
届けられたらと
今日もワクワクで
片づけに伺います
わーい
きれいになった!!

Column

ADHDの特性を生かして楽しく生きる

発達の凸凹があるのがADHD。へっこみの部分では困りごとが生じますが、でっぱりの部分は長所となりうることがあります。よくいわれているのが「行動的でエネルギッシュ」「積極的にコミュニケーションがとれる」「想像力やアイデアが豊か」「好きなことには没頭できる」……などです。私自身、今もたくさん困りごとがありますが、長年かけて自己理解を深めていくなかで、ADHDだからこそのよい点もあることに気づけました。社交的であり、初めての人でも物おじせず仲よくできるので、前職の出版社の営業職は18年間続きました。今の片づけの仕事も初対面の方のお宅に伺うことが多いのですが、苦になりません。

また好きなことに没頭してしまう特性でマラソンにハマり、運動経験がなかったのにもかかわらず練習を始めて4か月後にはフルマラソン、数年後には100キロマラソンを完走するほど。特性がよい面に働けば自分の強みにもなりえると感じています。

第4章

「ギリギリ」「バタバタ」「イライラ」をやめる暮らし術

認知行動療法を受けるなかで、自分の生活をラクにするポイントを把握するようになりました。「片づけ」のノウハウ(時間を計って作業する、一度に完璧をめざさないなど)は暮らし全体にも通じるものがあると感じます。

やるべきことに追われるのではなく、やるべきことを追いかける考え方へ。日ごろ実践している小さな暮らしワザをご紹介します。

「アプリ」を脳の一部として使う

「またなにかをやらかすかもしれない」という「自分への不安」を取り除きたい。そんな思いで生活していますが、以前よりも減ってきたのを感じます。理由はスマホの活用。肌身離さず持ち歩くことで「日常のとっ散らかり」を最小限にできています。

●「財布忘れ」のバックアップ

スマホのケースにはオートチャージ&クレジット機能つきの交通系ICカードと現金1万円をつねにイン。財布を忘れて出かけることがよくあるのですが、このスマホを首からいつもぶら下げていれば1日過ごすことができます。また切符や駐車券など、ポケットやカバンに入れたはずなのにどこへ行ったかわからないということも、すぐにこのスマホのカードフォルダにしまうようにしてから、激減しました。

ちなみに、駐車券をなくすどころか駐車場に車を停めたけど、停めた場所がわからなくなり、何十分も自分の車を探しつづけるということも、過去によくあった話。なので、今は、車を停めたらすぐにスマホで駐車場の位置番号を写真に撮るようにしています。コイ

ンパーキングに停めたときはスマホアプリの地図を起動し、現在地のスクリーンショットを撮っています。これが定着して、今では「車に戻れなくなる」事態を避けられるように。

●スケジュールを一括管理

スケジュール管理が苦手でしたが、手帳やスケジュールアプリを活用することでトラブルを減らせています。以前、好きな歌手のディナーショーに行こうとしたら、前日に終わっていてチケット代4万円を捨てた……という苦すぎる経験もあり、「自分の記憶力ほど頼りにならないものはない」というのは私の経験則です。

今はスケジュールが発生したらすぐにスマホアプリに入力しているので、遅刻やすっぽかしも激減しました。使っているアプリは「さいすけ」というもので、スケジュールの表示方法を自由に設定できるのが便利。1日や1週間といった短いスパンの表示だと、全体が見渡せないのでうまく使いこなせないのがわかり、1か月ごとに表示されるカレンダータイプに設定しています。予定が変更になった場合もすぐにアプリに入力。「あとでやろう」と思っても、その「あとで」を忘れてしまうので、即時入力を徹底。スケジュールを入力しただけで安心してしまっているときもあるので、毎日スケジュールを確認するということを習慣づけています。

●「リマインダー」で頭の中をスッキリ整理

やらなければならないことをうっかり忘れてしまうのを防止するため、スマホの「リマインダー」を活用。私は「g Tasks」というアプリを使っているのですが、締め切りのあるものは、期日の1日前と当日にアラームを設定しています。提出期限のある書類を作らなければならないときや、決められた日時に予約をとる必要があるときなどにとても便利。

たとえばとりたいチケットの発売を見逃したくないとき。朝10時に電話で申し込むといっても、朝のバタバタで忘れてしまう危険性があります。そこで「リマインダー」で前日、当日朝、5分前とアラームがなるように設定することで、忘れることがなくなりました。自分の特性を考えると、繰り返しのリマインドが必要です。

●書類や資料は「エバーノート」に

書類やメモを忘れたりなくしたりして、困ることがよくありましたが、「エバーノート」に保存することで困りごとが減りました。「エバーノート」は書類を写真に撮って保存すると、OCR化(写真に撮った文字をデジタルデータ化)されるので、書類内にあるキーワードを一発検索することが可能。簡単に欲しい書類を見つけ出すことができるのです。営業

の仕事をしていたとき、うっかり出先で書類を忘れてもスマホやパソコンですぐに確認ができ、何度も助けられました。こうしてバックアップするクセをつけておけば、たとえ大切なメモの切れ端をなくしたとしても安心。

●なくし物防止は「tile」で

カギと財布に「tile」という忘れ物防止のタグを取り付けています。カギをしょっちゅうなくし、家を出ることができなかったり、車が使えなかったことがよくあったのですが、すぐに見つけられるようになりました「Bluetooth」でスマホと同期して使うのですが、スマホアプリから「探す」ボタンを押すと、離れた場所でも30メートル以内であれば「tile」から大きな音が出て、存在を知らせてくれます「tile」のボタンを2度押すことで、サイレント状態のスマホであっても音をならすことができます。

●口座残高の管理もひと目で

公共料金などは口座引き落としにしていますが、口座に入金するのを忘れて請求書が届くということが頻発。しかもその請求書自体を紛失して、電気を止められたこともありました。そこで「Money Forward」というアプリを使って、複数の口座残高をひと目で確認できるようにすることで残高不足のトラブルがなくなりました。

●買い物リストを作って、買い忘れ防止

買い物に行っても「あれ、なにを買いにきたんだっけ?」。事前にメモをしても、メモを家に忘れてきたり、メモしたことすら忘れたりするのでアプリ「g Tasks」に買い物リストを作って、買わなければいけないものを、思いついたらすぐに書きこみます。買い物へ行ったら、必ずリストを確認することで買い忘れを減らせるようになりました。

このアプリはスマホの位置情報と連携できるので、買い物をする場所をアラート設定しておくと、お店の近くにさしかかったときにアラームで知らせることもできます。

デジタルが苦手な場合は「書き出す」「付箋」で管理

ADHDタイプの人にもデジタル系が向いている人と、アナログのほうがしっくりくる、という人がいます。デジタルに慣れていない人が新しいアプリを利用しようとしても、慣れない、使い勝手が悪いといったことで中断のきっかけにも。紙でスケジュールやTO DOリストを管理している人は、手帳やノートなどに書いたらいつも携帯を。裏紙やメモなどなくなりやすいものは使わないほうがベター。

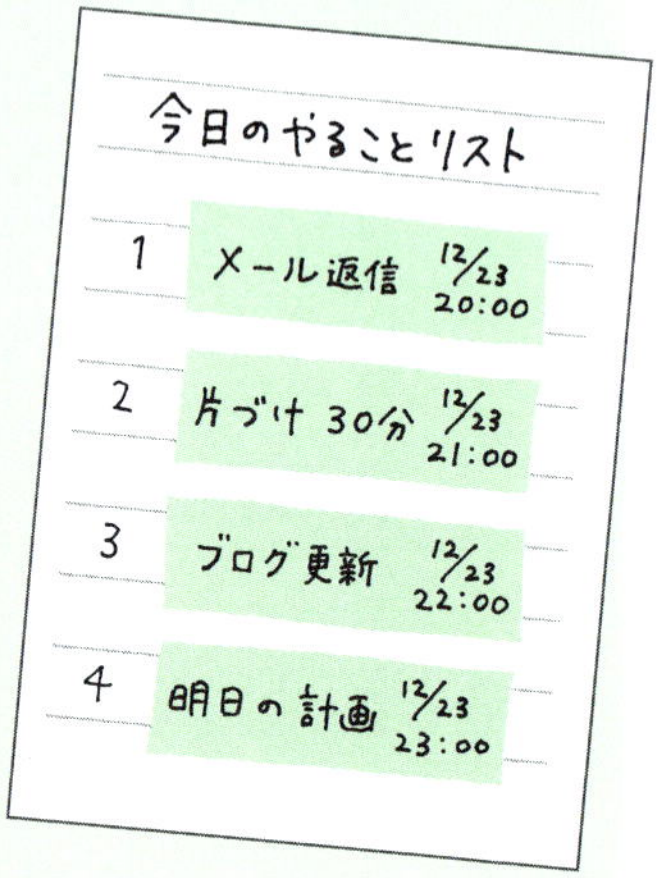

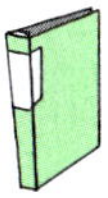

行動を「パターン化」する

家事もそうですが、ふだんの行動もある程度、ルーティン化、パターン化しておくとスムーズ。枠組みを維持しながら暮らしていくほうが、乱れにくくてラクなのです。自動的にこなす仕組みにすると、あれこれ考えて、やらない理由を自分に言い訳をする暇もなくなります。

●切り上げる勇気を持つ

私はフリーで仕事をしているので、在宅作業も多いのですが、始業と終業の時間をなるべく設定するようにしています。時間の枠がないと、「いつまでにやろう」という逆算ができず、なりゆきまかせに。もし終わりの時間で終わりきらなければ、「今日のベストはつくした」と思ってさっさと切り上げることで、「やるときはやる」をクセづけます。また、重ための内容の仕事は予備日をスケジュールに入れておくと、気持ちがラクです。

●「15分前行動」で自分を安心させる

「早く行っても時間をもてあますのはもったいない」。なぜか遅刻を繰り返してしまう理

由には、こんな完璧主義的な考えもあります。今は初めての場所に行くときには約束の時刻の15分前には到着するように心がけています。あわてる、というのは心のエネルギーをとても消費することになるので、自分をいたわり、余力をつねに蓄えておくためにも「〝自分アポ〟は15分前」を目標に。

●「困難」なことは優先的に

「苦手なこと」「めんどくさいこと」にとりかかるのは気分的に困難。そして、とりかかってみるものの、途中放棄したらリスタートはさらに難しいものです。気分がいいときには、これらに優先的に手をつけ、疲れているときには「自動的に手が動くもの」から作業します。たとえば単純作業だったり、趣味やイベントに関すること、やっていて苦痛に感じないものなど。こうして作業にめりはりをつけることで、先延ばしを減らしていきます。

●スケジュールは詰めこみすぎない

スケジュールに余裕を持って行動しつつ「ちょっとした空き時間」に小さな作業を入れるようにしています。電車での移動時間や、予定より現地に早めに着いたときなどはスマホのアプリを更新したり、仕事関係の人に返事をしたり。多くを組みこんで「息つく暇もない」とうんざりしないようにしています。またその日うまくできなかったとしても、自分を責めないようにスケジュールに嫌悪感を抱かないようにする」のがポイントです。

●メールは受信報告だけでも

ちゃんと返信しようと思って、返事するのを忘れてしまうことがあります。まずは受け取ったことの報告をして、「あとでゆっくりお返事しますね」とひと言つけ足しておけば、相手にも安心してもらえます。ときには「もしうっかり返信を忘れていていたら、遠慮なく催促してください」という予防線をはることも。急ぎや重要なメールの返信は、スケジュールにも書きこんで見落とさないようにしておきます。

●家電と家事シェアする

時間や気持ちに余裕を持つために、家事のイライラは便利ツールに手助けしてもらいます。たとえば「布団を干すと、干したことを忘れる」から、布団乾燥機を愛用して外干しはしない。また「食器を扱うと割ってしまう」から食器洗い乾燥機におまかせする。そして「掃除をサボりがち」だから、コードレス掃除機を部屋の片隅に待機させておく。さらに「アイロン台を出すのがめんどう」だからハンディスチームアイロンを多用……。多少コストがかかってもいいから自分をラクにすることが生活の優先。節約や効率度合を気にしながら、日々最新アイテムをチェックしています。

片づけは心のリハビリ、人生のリカバリー

「私と同じように片づけが苦手な人のサポートがしたい」。そう思い、18年勤めた営業職の仕事をあっさりやめてしまいました。シングルマザーで家のローンも抱える身でしたから、「あとさき考えずに、本当にいいの？」と家族や周囲も驚きました。行動してしまったからには、当面アルバイトをしながら修業を積むつもりでしたが、産業カウンセラー、ライフオーガナイザー、整理収納アドバイザー1級などの資格を取得しながら、家事代行サービスに登録。するとありがたいことに、生活が成り立つ程度の依頼を次々といただくようになりました。

「ADHDの整理収納アドバイザー」の私をわざわざ指名してくださる方は、「片づけられない私って病気なの？　どこかヘンなの？」と悩んでいる方。現在、ADHDタイプに向けた片づけ代行サービスは、まだほとんどないので、遠方からのご依頼もいただいていますが、なかなかすべてには対応できていない状況。世の中にこの拙著をお届けすることで、直接には伺えない方たちのお役に立てればいいな、と思っています。

ADHDの「特性」には、思いきった行動をするという「衝動性」のほか、アイデアを思いつける「創造性」といったよい面もあるといわれています。

こんなADHDの「特性」があったからこそ、今の仕事に思いきって飛びこめたし、楽しめている——そう考えると、神様が私の人生に「特性」という名のギフトを与えてくれたのかなと思えるのです。

片づけは心のリハビリ、人生のリカバリー。失ってきた多くのムダな時間やエネルギーを取り戻すお手伝いをこれからもしていきたいと思います。

西原三葉

著者プロフィール

西原三葉

整理収納アドバイザー１級、産業カウンセラー、栄養士、ライフオーガナイザー１級資格保有。食品会社勤務後、出版社に就職。「片づけられない」に長年悩んだADHD当事者だったが、認知行動療法を受けて克服。現在は退職し、家事代行マッチングサービス「タスカジ」に登録、「片づけのプロ」として活動している。息子ひとり、猫５匹と都内在住。本書が初の著書。カウンセリングルームAUBE代表。https://aube.jp/

タスカジ

１時間1500円からの家事代行マッチングサービス。高い家事スキルを生かして、フリーランスで活躍する多彩なハウスキーパー（タスカジさん）のなかから自分にぴったりの人を選べる。
https://taskaji.jp/

監修者プロフィール

南 和行

臨床心理士。カウンセリングルームすのわ代表カウンセラー。早稲田大学第一文学部 心理学専修 卒業、ミシガン州立大学大学院カウンセリング心理学科修士課程 卒業。ADHD（発達障害）、トラウマ改善のプライベートカウンセリングが専門。毎月ADHDの方を対象とした交流会を主催。不定期でADHDに特化した認知行動療法グループを運営。https://sunowa.net/

参考資料　『どうして私、片づけられないの？』（大和出版）
『発達障害と環境デザイン』（かもがわ出版）
『パートナーがアスペルガーかな？と思ったあなたへ』（アスペルガー・アラウンド）
「整理収納アドバイザー公式テキスト　一番わかりやすい整理入門」（ハウジングエージェンシー）

●表紙・本文デザイン／tabby design　●まんが・イラスト／熊野友紀子　MASAKO　スヤマミヅホ　細川夏子
●写真／中川真理子　有馬貴子　吉田敬児　落合里美　ピクスタ
●校正／山田久美子　●Special Thanks／株式会社タスカジ
●編集／谷 知子

「ADHD」の整理収納アドバイザーが自分の体験をふまえて教える！
「片づけられない……」をあきらめない！

著者　西原三葉
編集人　新井 晋
発行人　倉次辰男
発行所　株式会社 主婦と生活社
〒104-8357 東京都中央区京橋3-5-7
電話 03-3563-5058（編集部）
03-3563-5121（販売部）
03-3563-5125（生産部）
http://www.shufu.co.jp

印刷所　大日本印刷株式会社
製本所　共同製本株式会社

ISBN978-4-391-15415-3